티소믈리에를 의한
영국 찻잔의 역사
홍차로 풀어보는 영국사

ZUSETSU EIKOKU TEACUP NO REKISHI

ⓒCHATEA KOUCHA KYOUSHITSU 2012
Originally published in Japan in 2012 by KAWADE SHOBO SHINSHA Ltd. Publisher., TOKYO
Korean translation rights arranged with KAWADE SHOBO SHINSHA Ltd. Publishers., TOKYO

* 이 책의 한국어판 저작권 및 판권은 KAWADE SHOBO SHINSHA Ltd. Publishers와의 독점 계약으로
  한국 티소믈리에 연구원이 소유합니다.
* 저작권법에 의하여 한국 내에서 보호를 받는 저작물이므로 무단 전재와 복제를 금합니다.

티소믈리에를 위한

영국 찻잔의 역사

저자 **Cha Tea** 감수 **정승호**

홍차로 풀어보는 영국사

한국 티소믈리에 연구원

Prologue 1

차의 시대가 서서히 무르익어 가고 있습니다.
또 그와 함께 차를 다양하게 찾고, 또 마시는 분들 역시 많아지셨지요.

차. 특히 홍차를 사랑하는 분이라면 하나쯤 소장하고 싶은 찻잔을 마음에 품고 계실 것입니다. 무늬와 색상이 예뻐서, 또 특정 브랜드가 좋아서, 혹은 유달리 차가 맛있게 느껴지는 찻잔이라서 이미 찻잔을 수집하고 계시는 분들도 계시겠지요. 이처럼 찻잔은 차를 사랑하는 사람들이 차를 즐길 때 빠트릴 수 없는 부분 중 하나입니다. 알면 알수록 다양한 브랜드에서 나오는 각양각색의 찻잔을 감상하는 것, 각 찻잔이 가지고 있는 이야기와 역사를 들으며 차를 음미하는 것은 찻잔이 주는 큰 즐거움일 것입니다.

이렇게 중요하다면 중요하다고 할 수 있는 찻잔이지만, 한국에서는 찻잔의 시작과 역사 그리고 다양한 찻잔에 대한 내용을 찾아보기 힘든 것이 사실입니다. 그래서 이 책을 통해 차 중에서도 세계적으로 가장 많은 사랑을 받고 있는 홍차와 그 찻잔을 영국의 역사적 흐름에 따라 소개하려고 합니다.

중국에서 영국으로 차를 들여왔을 때 함께 가지고 온 중국의 다기는 중국에서 사용되는 방식과는 조금 다르게 사용되었습니다. 잔 받침이 없었던 찻잔에 접시를 받쳐 사용한 것이 시작이었지요. 이후 영국에서 직접 도자기를 생산하면서 서양인의 취향과 기호에 맞게 조금 더 편리하게 바뀌었습니다. 그 찻잔의 다양한 모양과 더불어 왕족과 귀족에게서 시작되었던 차가 서민들에게까지 퍼지는 과정은 다양하고 재미있는 이야기로 넘쳐 납니다. 그 이야기들과 함께 생겨난 문화와 차 예절 역시도 찻잔을 이야기할 때 매우 흥미로운 부분이지요.

이 책에서는 찻잔을 더욱더 흥미롭게 소개하기 위해 다양한 사진과 자료, 당시에 그려진 그림 등을 삽입하였습니다. 또, 책 뒤편 부록에서는 영국의 역사와 각 시대를 배경으로 한 영화를 연대기적으로 소개하고 있습니다. 영화 속에 자연스럽게 배어 있는 영국의 차 문화를 확인해 보시면 더욱 재미있게 차와 찻잔을 즐기실 수 있을 것입니다.

모쪼록 이 책을 통해 차와 찻잔에 대해 궁금하셨던 분들의 마음을 채워드릴 수 있기를 바랍니다. 또, 많은 분들이 이전보다 더 즐겁고 유익한 티타임을 즐길 수 있게 되기를 소망합니다.

한국티소믈리에연구원 정 승 호

Prologue 2

세계 여러 곳의 홍차를 비교해 마셔 보고, 홍차를 제대로 우리는 법을 실습하는 것과 홍차 문화를 만든 영국의 문화에 대해 공부를 하는 것, 홍차의 성분이나 효용, 홍차와 접목시킬 수 있는 향신료나 허브, 설탕과 물, 우유에 관한 지식을 넓히는 등 수업의 내용은 수도 없이 많습니다.

하지만 어떤 수업에도 공통되는 것은 티타임입니다. 홍차는 사람과 사람을 잇는 가교 역할을 합니다. 자신이 정성 들여 끓인 홍차를 마음이 맞는 사람들과 즐기는 것은 매우 즐거운 일이지요.
그런 때에는 홍차를 마시기 위해 만들어진 '찻잔'이 반드시 테이블 위에 등장합니다. 평소에는 머그잔으로 홍차를 마시는 사람들도 수업에 오면 '찻잔'으로 차를 마실 수 있습니다. 조금은 특별한, 찻잔으로 차를 마시는 시간은 모두가 기대하는 시간입니다.
공통으로 준비된 찻잔을 사용하기도 하고 참석자들이 취향에 맞는 찻잔을 도자기 장식장에서 각자 고르기도 합니다.

그날 입은 옷의 색상에 맞춰 잔을 고르는 사람, 그날 마실 '홍차의 색'을 고려해서 보다 차가 맛있어 보이는 찻잔을 고르는 사람, 갖고 싶었던 찻잔을 시험해 보고 싶어 하는 사람. 찻잔을 고르는 이유는 각각 다르지만, 공통점은 나이나 성별에 관계없이 '정말 즐겁게 찻잔을 고른다'는 것입니다.

'찻잔'은 한자로는 '다기(茶器)'라고 합니다. 와인을 즐기기 위해 만들어진 와인 잔처럼, '찻잔'은 차를 즐기기 위해 만들어졌습니다. 영국에 차가 전해진 것은 약 360년 전으로, 영국 홍차 문화의 발전과 함께 찻잔의 크기, 디자인은 계속해서 발전해 왔습니다.

얼핏 수수한 찻잔, 화려한 찻잔, 예쁜 찻잔, 특이한 찻잔, 새로운 디자인의 찻잔. 한눈에 봐도 맘에 드는 찻잔과 그렇지 않은 찻잔이 있을 것입니다. 첫인상으로 좋고 싫음을 결정하는 것도 좋지만 각각의 찻잔이 탄생한 시대적인 배경과 그 무렵 유행한 인테리어 등 찻잔만이 아니라 사용한 사람들이나 장소 등을 하나하나 살피며 다시 보면 찻잔의 새로운 면을 발견할 수 있을 것입니다.

이 책에서는 많은 찻잔을 소개하고 있습니다. 어떤 차를 마시고 어떤 사람들이 즐거운 티타임을 보냈던 것일까요? 부디 독자 여러분들이 풍부한 상상력을 펼치며 이 책을 보시기를 소망합니다.

CHA TEA 紅茶教室

Contents

프롤로그1 004
프롤로그2 006

제1장 서양 차의 시작

차 문화가 서양에 퍼지기 시작하다 015
서양인이 주목한 차 문화 016
티볼로 차를 마시던 귀족들 020
차를 잔 받침에 옮겨 담아 마시는 예절 025
우이차의 유행이 시작되다 032
차 문화가 일반 시민에게 퍼지다 037

- 도자기 방 044
- 차와 설탕 046

제2장 영국산 도자기 산업의 탄생

티가든의 유행 051
건강한 느낌의 차가 주목 받다 054
영국산 도자기가 계속해서 만들어지다 057
신고전주의에서 탄생한 재스퍼웨어 064
차의 관세 문제 - 보스턴 차 사건 070
차의 관세 문제 - 영국 내에서의 세율 인하 073
본차이나의 탄생 076

- 포틀랜드 항아리 080
- 모트 스푼 082
- 로버트 애덤의 컨트리 하우스 083
- 차의 박물지 084

제3장
블루 & 화이트의 유행

프린스 리젠트의 등장	089
황태자가 사랑한 '이마리'가 유행하다	092
블루 & 화이트의 유행	095
차의 자유무역이 시작되다	097
식민지 인도에서 차나무의 재배가 시작되다	100

- 윌로 양식 102
- 그레이 백작이 사랑한 '얼그레이' 104

제4장
상류층의 애프터눈 티

빅토리아 여왕의 즉위와 결혼	109
아삼종이 인정받아 재배지가 확대되다	115
다르질링 지방에서 재배가 시작되다	117
애프터눈 티의 유행	120
애프터눈 티를 장식한 티세트	123
삶의 질을 높여 준 만국박람회	130

- 만국박람회 134
- 찻잔의 손잡이 136
- 애프터눈 티의 발상지 : 워번 애비 138

Contents

제5장
중산층과 노동자 계층의 티타임

중산층의 티타임	143
앨버트 공의 죽음과 공중위생의 진화	149
티클리퍼의 활약	152
티클리퍼에서 증기선으로	154
실론에서의 차나무 재배	157
절대금주운동 - 술 대신 홍차	163
노동자 계층에 정착한 하이 티 문화	167

- 『비턴 부인의 가정서』 168
- 『The Bird Of Dawning』 169

제6장
생활 속으로 스며든 새로운 찻잔

육아 차의 유행	173
홍차 점의 유행	180
아트 앤 크래프트 운동의 발단	183
자포니즘의 유행	187
빅토리아 여왕의 즉위 60주년 - 여왕의 부활	197

- 『The Tale of the Pie and the Patty Pan』 200
- 『빨강 머리 앤』 201
- 홍차 점 201
- 스콘의 유래 206
- 도자기의 고향 : 스토크온트렌트를 여행하다 208

제7장
찻잔과 홍차의 미래

영국에서 세계로 퍼져 나간 홍차	215
대량 생산·대량 소비에 대응한 티백	215
생활 방식에 따라 찻잔과 즐기는 법이 변화하다	220
다양한 디자인의 한정판 찻잔이 등장하다	224
'아르누보'와 '아르데코'의 유행	229
전쟁터에서도 홍차를 마시다	233
21세기, 찻잔의 미래	235

- 우유가 먼저? 홍차가 먼저? 242
- 미스 마플의 차 243
- 찻잔의 형태와 홍차의 맛 244
- 영국 왕실의 보증서 246

부록

본문에 나오는 건물과 브랜드의 홈페이지 URL 250

간략 연표 252

제1장
서양 차의 시작

티볼에 차를 즐기던 시대의 다기

영국에서 차가 보급되기 시작한 것은 17세기 후반의 스튜어드 왕조 시대입니다.
청교도 혁명에 의한 공화제가 실패하면서 찰스 2세의 즉위로 왕정이 부활하고
영국의 궁전이 다시 화려해집니다. '차'를 따라 마셨던 것은
현대의 '찻잔'의 원형이 되는 손잡이가 없는 찻잔,
'티볼(Tea Bowl)'이었습니다.

차 문화가 서양에 퍼지기 시작하다

차의 역사는 중국에서 시작되었습니다. 기원전 2700년경부터 차를 마셨다는 사실은 기록을 통해 확인할 수 있습니다. 중국에서 처음으로 차를 마셨다고 하는 전설 속 인물은 '신농황제'입니다. 독이 올랐을 때 해독을 위해 백비탕에 찻잎을 넣어 마셨다고 전해집니다. 찻잎에 몸을 정화시키고 잠을 깨우는 효능이 있다고 알려지면서 불교의 수행승들은 차를 즐겨 마시게 되었고, 이를 통해 차는 중국 전역에 퍼지게 되었습니다.

이런 중국의 차 문화가 일본에 들어온 것은 8세기경. 불교 공부를 위해 중국에 건너갔던 유학승들에 의해 퍼지게 되었습니다. 가마쿠라 시대 이후에는 절 경내에서 차 재배가 본격화되면서 두사들 중심으로 '다도' 등의 독특한 문화가 발달했습니다.

서양인이 주목한 차 문화

동양의 차 문화를 서양인들이 알게 된 것은 15세기 후반부터 무역이 본격화된 '대항해 시대'였습니다. 해양 기술의 진보와 함께 포르투갈과 네덜란드를 선두로 여러 나라들이 동양 무역을 시작하였습니다. 이로써 그동안 실크로드를 통해 전해지던 '향신료'와 '비단', '도자기' 같은 동양의 특산물을 산지에서 바로 구할 수 있게 된 것입니다.

16세기 중반에는 전국 시대이던 일본에도 포르투갈인이나 네덜란드인들이 들어오기 시작했습니다. 당시 전국 영주들은 서양 그리스도교의 박식한 선교사들에게 지식을 배우기 위해 그들을 초대하여 대접하곤 했습니다. 그때 많이 활용되던 것이 다도라고 불리던 차의 사교 의식이었습니다. 선교사들은 일본에서의 포교 결과나 생활 모습 등을 정기적으로 본국에 보고하고 '차'에 대해서도 언급했습니다.

'일본인은 풍미 있는 약초를 상당히 좋아하며, 그것을 차라고 부른다.'
'일본인들이 마시는 음료는 차라고 불리는 식물의 잎에서 추출한 액체로, 우려내어 마시는데 이것은 매우 좋은 음료이다. 이 차는 분비를 좋게 해서 두통을 없애고 눈병에도 효과가 있다. 또 피로를 없애 장수에도 도움을 준다.'
'일본에서는 신분이 높은 영주들이 이 맛없는 음료를 만드는 법을 특별히 배우며 손님에게 애정과 환대를 나타내기 위해 자주 이 음료를 직접 만든다. 차의 의식을 중요하게 생각하며, 따라서 그것에 사용하는 그릇도 중요히 여긴다.'

이는 1565년에 일본에 건너간 선교사가 보고한 내용입니다. 서양 사람들에게 '차'는 미지의 음료였습니다. 그래서 중국인이나 일본인의 장수의 요인으로 보고 그 차를 따르는 다기에도 크게 주목을 했습니다.

● 네덜란드 동인도 회사의 '암스테르담호'. 17세기에는 많은 모험가들이 이 배를 타고 동방으로 향했습니다.

● 동인도 회사 소유 배의 선장실 책상 위에 놓인 지도와 향신료.

● 네덜란드의 자기 '델프트' 접시에 그려진 동양 무역선.

● 암스테르담 국립 미술관의 동양 자기 전시실. 서양 차 문화의 발상지인 네덜란드에는 상당히 많은 차 도구가 전시되어 있습니다.

포교에 집중하면서 점차 일본과 거리를 둔 프르투갈과는 달리, 무역을 위해 일본과 거래한 네덜란드는 1610년에 드디어 히라도 항구의 상관(세관)을 통해 '차'를 서양으로 수출하는 것을 허락받습니다. 현재의 나가사키에서 생산된 일본의 녹차를 실은 배는 중국 마카오 항구에 들러 다기를 실은 후 암스테르담으로 돌아갔습니다.

서양인들은 '동양의 신비로운 차'라 불리던 녹차에 상당한 기대를 가졌습니다. 처음으로 보는 아름다운 다호(차를 담는 항아리)에 담긴 일본과 중국의 음료는 네덜란드와 포르투갈의 궁전에 소개가 되면서 화제가 되었습니다. '마시면 나쁜 꿈을 꾸지 않는다', '폐병을 고친다', '자궁에 좋다'는 차의 효능이 널리 알려지면서 처음에는 주치의들이 상류층에게 약으로 처방했습니다. 또 차는 약이기 때문에 공복에 마시면 몸에 독이 된다고 하여 차를 마시기 전에는 항상 버터를 바른 빵을 먹었습니다.

초반에는 녹차를 오랫동안 달여서 진액으로 마시는 것이 유행했습니다. 차를 마시는 문화는 일본과 중국, 몽골 등 동양의 여러 나라에서 동시에 전해졌기 때문에 제대로 달이는 법이 확립되기까지는 많은 사람들이 다양한 방법을 사용해 마셨습니다. 당시에는 다관(찻주전자)도 아직 보급되지 않았습니다.

차의 수입이 조금씩 안정되어 가면서 차는 약으로서뿐만 아니라, 상류층의 상징이 되었습니다. 동양 무역은 곧 차를 의기하게 되었고, 아득히 먼 동양의 진귀한 음료를 즐기는 것은 부와 권력의 상징이 되었으므로 궁중 사람들은 차에 열광했습니다. 그 때문에 차를 보관하는 상자에는 도난 방지를 위해 항상 열쇠를 채웠습니다.

장사에 열심이었던 네덜란드의 동인도 회사는 더 많은 수익을 창출하기 위해 1636년에는 프랑스 궁정, 1638년에는 러시아 궁정에 차를 헌상했습니다. 17세기 말에는 러시아가 중국과 네르친스크 조약으로 교역을 맺게 되면서 서양 제국 중에서 유일하게 육로로 차를 수입하는 데 성공했습니다. 차를 마시는 문화가 가장 뒤쳐졌던 것은 뜻밖에도 영국이었습니다. 서양 최초의 시민 혁명(청교도 혁명)에 의해 공화제가 이루어졌기 때문에 영국에서는 차가 궁정 차로서 소개되지 않았던 것입니다. 1650년대 금주운동으로 인해 유행한 민간의 커피 하우스(남성 대상의 찻집)에서 약용 차로써 취급되었던 것이 영국에서 차 문화의 시초라고 할 수 있겠습니다.

티볼(Tea bowl)로 차를 마시던 귀족들

차의 인기가 높아지면서 중국으로부터 많은 찻잔이 수입되었습니다. 당시 서양에서는 자기를 만드는 노하우가 없었기 때문에 많은 왕족과 귀족들이 그 진귀함과 아름다움에 매료됐습니다. 중국의 찻잔은 하얗고, 반대편이 비칠 정도로 얇지만, 내구성은 서양에서 만든 자기 그릇 못지않았습니다. 또한 거기에서 보이는 '청색'은 미지의 이국, 동양을 연상시키는 이국적인 분위기를 물씬 풍겼습니다. 네덜란드와 포르투갈의 왕족들은 미술품으로서 자기를 열광적으로 수집하기 시작했습니다. 그중에는 특별히 자기만 진열하는 방을 꾸미는 사람도 있었습니다. 수많은 귀족들은 고가의 차 도구를 손에 든 모습으로 초상화를 그리도록 요구했습니다.

현재는 찻잔과 작은 받침을 합친 세트를 '티볼(Tea bowl)'이라 부르지만 차가 네덜란드에 처음 소개되었을 당시에는 받침 없이 찻잔만 있었습니다. 원래는 이 찻잔을 '티볼'이라 불렀습니다.
초기의 티볼은 크기가 작았습니다. 이것은 차가 약이었다는 것과 고가의 상품이었다는 것을 보여 줍니다. 작은 티볼로 조금씩 열 잔, 스무 잔을 따라 마셨습니다. 티타임을 가질 때 접대하는 안주인은 손님들의 티볼에 차가 떨어지지 않도록 항상 신경을 썼다고 합니다.
원래 찻잔만 있었던 티볼에 함께 구성되어 있는 잔 받침은 어디에서 유래된 것일까요? 네덜란드의 동인도 회사의 수입품 중에는 찻잔뿐만이 아니

- 녹차가 든 동양의 블루&화이트 찻잔. 사람들이 쥐고 있는 티볼에 주목해 보면 받침으로 찻잔을 받치지 않는다는 것을 확인할 수 있습니다. 테이블 위에는 위를 보호하기 위해 버터를 바른 빵도 놓여 있습니다 (A Family of Three at Tea/Richard Collins 작품/1727년).

- 중국 다기로 티타임을 즐기는 귀족의 모습. 탁자 위에는 차와 마찬가지로 진귀하던 설탕이 놓여 있으며, 이 고가의 설탕은 녹차에 넣어 마셨습니다. 작은 주전자에 주목해 보십시오 (Two Ladies and an Officer Seated at Tea/Nikolas Verkolje 작품/1715~20년).

● 중국 경치 그림이 그려진 '티볼(1664년 제작)'. 원래는 찻잔만 있는 것이지만 서양인이 잔 받침을 만들었습니다.

● 자기를 만드는 기술이 없었던 서양인은 중국이나 일본의 다기를 도기로 모방했습니다(18세기 초반 영국제).

라 접시도 있었습니다. 서양 도자기 연구가인 와다 야스시는 '동시에 수입된 같은 무늬의 접시 용도를 연구하다가 티볼의 받침 접시로 쓰는 용도로 고안했을 것'이라고 주장합니다. 같은 무늬의 접시를 맞춰서 사용하는 티볼과 받침의 문화는 그 당시 차에 곁들이는 다과 없이 녹차를 마셨던 서양인이 만들었다고 할 수 있습니다.

이런 고가의 중국 다기 '티볼'로 차를 마시는 습관이 영국에 들어온 것은 1662년입니다. 왕정복고로 즉위한 찰스 2세(1630~1685)의 왕비, 캐서린(Catherine of Braganza, 1638~1705)의 영향이 크다고 할 수 있습니다. 캐서린은 포르투갈에서 시집올 때 값비싼 차와 향신료, 설탕을 배에 가득 싣고 왔습니다. 또 영국에 도착해서는 항구에 내리자마자 중국의 휴대용 다기로 배멀미를 해소한다며 차를 마셔 사람들을 놀라게 했습니다.

캐서린이 시집오면서 윈저성의 내부 장식은 베르사이유 궁전과 같은 프랑스 양식으로 바뀌게 되었습니다. 눈부시게 화려하고 아름다운 살롱에는 일본과 중국의 자기로 장식한 고가의 중국 찬장을 구비하고, 내부는 서양과 동양의 양식을 섞어 장식했습니다.

● 왕정 시대에 청교도 혁명으로 쫓겨난 찰스2세는 1660년 영국으로 귀국해 왕정복고를 선언했습니다 (작가 불명/1861년 6월 1일).

● 포르투갈 왕가에서 온 캐서린 왕비. 차 문화를 보급한 그녀는 후대에 'The First Tea Drinking Queen(처음 차를 마신 여왕)'이라는 칭호로 추앙을 받았습니다 (E&S Harding/1793년).

● 캐서린 왕비는 찰스 2세의 사망 후 고국 포르투갈로 귀국하여 사망할 때까지 가톨릭 신앙을 지켰던 심지 굳은 여성이었습니다 (Peter Lely의 수집품/ 1836년).

왕정이 복고된 지 얼마 지나지 않아, 화려하지 않았던 영국 궁정은 캐서린 왕비가 티파티를 열면서 사교계의 중심이 됩니다. 이로 인해 많은 귀부인들이 궁중의 차 문화에 매료되었습니다. 또한 지참금으로 영국에 양도된 모로코의 탕헤르(Tangier)와 인도의 봄베이(현재 뭄바이)는 그 후 영국 동인도 회사가 차 무역에 진출하는 데 중요한 거점이 됩니다.

차를 잔 받침에 옮겨 담아 마시는 예절

차를 마시는 습관을 맨 처음 서양에 전파한 네덜란드는 포르투갈 이상으로 차 문화를 이끌어 갔습니다. 차를 마시는 예절은 네덜란드의 방식을 최고로 여겨 많은 귀부인들은 네덜란드로 신부 수업을 받으러 갔습니다. 찰스 2세의 동생으로 형에 이어 즉위한 제임스 2세(1633~1701)의 아내 메리(Mary of Modena, 1658~1718)도 고국 이탈리아에 있던 때부터 네덜란드에 가서 신식 차 문화를 경험한 사람이었습니다.

네덜란드 궁정에서는 당시 서양의 유명한 궁정들에 차 예절을 알려 주었습니다. 지금으로서는 어색하게 느껴지는 차 예절은 '차를 잔 받침에 옮겨 담아 마시는 것'이었습니다. 앞서 언급한 서양 도자기 연구가 와다 야스시는 차를 받침 접시에 담아서 마시게 된 이유를 두 가지로 봤습니다. 그 하

● 메리(Mary Of Modena) 왕비는 영국의 많은 귀부인들이 네덜란드 궁정의 차를 좋아하도록 만들었습니다 (Y.Barrie 작품/1903년).

- 차를 잔 받침에 옮겨 마시는 문화는 18세기 중반 무렵부터 쇠퇴하지만 영국의 시골에서는 20세기 초반까지 남아 있었던 것으로 보입니다 (The Union Pacific Tea 社/1992년).

- 차를 잔 받침에 담아 자세를 취하는 노부인 (The Great Atlantic and Pacific Tea 社/ 1888년).

나는 '찻잔이 뜨거워서 손으로 잡기 힘들었다'는 견해입니다. 실제로 차를 따른 티볼을 손가락으로 잡으면 너무 뜨거워서 마시기가 불편합니다. 그런 점에서 받침은 가장자리와 밑 부분을 번갈아 잡으면 들기도 편하고 차를 입에 가져가는 동작도 자연스러워집니다. 다른 한 가지는 '볼이 차를 만드는 도구로 사용됐다'는 것입니다. 티포트를 살 수 없었던 사람들은 티볼에 직접 찻잎과 물을 부어 차를 우렸습니다. 그래서 차를 찻잎과 분리시키기 위해 받침 접시에 찻물을 따랐던 것입니다.

그렇게 추측할 수 있는 데는 바로 '스푼 흔적'이라는 티볼의 작은 상처 때문입니다. 당시에는 녹차에 다량의 설탕뿐만이 아니라, 우유도 넣어 마셨습니다. 이를 '섞기' 위해서는 티볼을, 차를 '마시기' 위해서는 잔 받침을 사

● 티볼 안에 있는 찻물의 색을 보면 아직 홍차가 만들어지지 않았던 당시, 녹차를 마셨던 것을 알 수 있습니다. 홍차와 설탕, 다기 등이 사회적 지위를 나타내는 상징이 되기도 했습니다 (Mixing Teapot and Chinese Porcelain Tete-A-Tete on Partly Draped Ledge/Pieter Gerritsz. van Roestraten 작품).

용한 것으로 여겨집니다. 이때 티볼을 스푼으로 휘저은 탓에 스푼 흔적이 남았을 것으로 추측하는 것입니다. 실제로 잔 받침에는 티볼에서 발견되는 스푼 흔적들이 보이지 않습니다.

네덜란드의 방식으로 차를 마실 때는 휘저은 스푼을 접시 위에 놓지 않고 티볼 한가운데 세우는 것이 바른 예절이었습니다. 티볼 안에 설탕이 다 녹지 않고 남으면 '스푼이 바로 설 정도로 진한 차를 대접 받았다'며 감사의 뜻을 전했습니다.

- 메리 2세는 매우 사려가 깊고 가정적인 여성이었습니다 (The Honourable Society of the Inner Temple/1838년).

- 윌리엄 3세와 메리 2세가 왕과 여왕으로의 즉위를 의회로부터 요청을 받는 장면. 두 사람의 즉위는 명예혁명이라고 불리게 됩니다.

1689년, 명예혁명에 의해 즉위한 메리 2세 (1662~1694)는 네덜란드 총감 (영국왕 윌리엄 3세)의 아내이기도 했으므로 네덜란드에서도 오래 생활한 바 있습니다. 그래서 차를 마시는 문화에도 정통해 있었습니다. 이로 인해 블루 & 화이트의 아름다운 동양 자기와 접시에 차를 담아 마시는 예절도 영국에 전파했다고 전해집니다. 화려한 것을 좋아하지 않았던 메리 2세는 왕궁을 런던 교외인 햄프턴코트(Hampton Court)로 옮겨 극히 제한된 지인들하고만 차 문화를 즐겼다고 합니다.

● 16세기에 왕이 거주했던 햄프턴코트 궁전은 17세기 후반 윌리엄 3서와 메리 2세가 대대적으로 수리했습니다.

● 화려한 장식을 좋아하지 않았던 메리 2세는 햄프턴코트 궁전 안에 있던 자기를 분산해서 장식했습니다.

당시 많은 왕족과 귀족들은 부와 권력의 상징으로 차를 사용하고 동양 도자기를 자랑하듯이 방에 진열했습니다. 그러나 도자기의 아름다움을 진심으로 사랑한 메리 2세는 햄프턴코트 내부에 도자기를 엄선하여 조심스럽게 진열해 놓았습니다. 주변 사람들은 그런 점에 존경심을 품었습니다.

1701년에 암스테르담에서 공연된 희극『차에 매료된 부인들』에서는 당시 귀부인들의 진지한 티타임의 모습이 그려져 있습니다.

오후 2시쯤 초대된 손님들이 찾아오면 접대를 하는 안주인은 정중히 그들을 맞이하고 인사를 합니다. 인사가 끝나면 손님들은 발 스토브에 다리를 얹고 앉습니다. 안주인은 자기 혹은 은으로 세공된 작은 다기에 여러 종류의 차를 꺼내서 은제 거름망이 달린 작은 자기 티볼에 넣습니다. 그리고 손님들에게 반드시 '어떤 차로 할까요?'라고 묻습니다. 이때에는 '맡기겠습니다'고 답해야 했습니다. 차는 일반-적으로 안주인이 선택했습니다. 혼합차를 좋아하는 사람에게는 다른 티포트로 우려낸 사프란차를 권했습니다.

찻잔 안에 차가 조금만 들어 있는 상황에서 사프란이 들어간 포트가 나오면 손님은 직접 사프란차를 차에 따랐습니다. 사프란의 쓴맛을 억제하기 위해 설탕도 첨가했습니다. 나중에는 우유도 첨가해서 마시게 됩니다.

손님들은 티볼에 담긴 차를 그대로 마시는 것만이 아니라 그것을 정중하게 접시에 옮겨서 접시에 담긴 차를 목을 세우고 호들갑스럽게 마셨습니다. 당시에는 소리가 크면 클수록 차를 내준 안주인에게 감사의 뜻을 전하는 것이었다고 합니다.

차에 온 마음을 빼앗긴 여성을 비꼬는 차를 마시는 연기 장면은 귀족들의 웃음을 자아냈다고 합니다. 차에 지나친 사치를 부리는 귀부인들을 비판하는 내용이 담긴 것이었는데, 당시에는 차의 독성유무와 관련한 논쟁도 활발했기 때문에 이 연극에는 풍자가 담겨 있었던 것입니다.

우이차(Bohea tea)의 유행이 시작되다.[1]

17세기 말은 차의 제조 방법에도 큰 변혁이 있었습니다. 차의 고향인 우이산(武夷山)에서 우롱차를 만드는 기법이 확립된 것입니다. 우롱차는 '녹차를 만들던 중 전쟁으로 인해 피난 갔던 농민이 몇 시간 후에 돌아와 보니 찻잎의 산화가 진행되어 달콤한 향이 나는 차가 완성되어 있었다'고 하는 우연에서 탄생한 차입니다. 이 우롱차의 생산이 본격화되면서 푸젠성(복건성, 福建省)의 항구에서 차를 수입하던 영국에도 우롱차가 조금씩 전해지게 되었습니다. 우이가 사투리인 '보히(Bohea)'로 번역된 당시에는 우롱차가 막 생산되기 시작하여 아직 양도 적었기 때문에 서양의 귀족 계층에게 주목 받아 나중에 녹차의 수입을 뛰어넘는 인기를 얻었습니다.

우이차*의 탄생에 의해 차 도구에도 변화가 나타났습니다. 이제까지의 차 상자는 한 칸이었지만 녹차와 우이차 두 종류의 차가 들어갈 수 있도록 두 칸으로 바뀌어 두 종류의 차를 섞을 수 있도록 한가운데에 유리 볼을 넣은 차 상자도 유행하게 됩니다. 상류층 사람들은 차 상자를 주문 제작하는 것을 즐기기 시작했습니다.

특권층 사이에서 차가 인기를 얻게 되면서 다기 시장이 활성화되자, 서양 각국의 국내 제조업자들은 수입품에 대항할 수 있는 국산품을 제조하자고 들고 일어났습니다. 영국에서는 앤 여왕(1665~1714)의 시대였던 1709년, 독일에서는 서양 최초로 백자를 제작하여 영국의 도공들에게도 큰 영향을 줍니다. 아쉽게도 아직까지는 자기를 빚어 낼 수 없었던 영국에서는 자기와 꼭 닮았지만 그보다 싼 대용품, 백유(白釉)의 석기 제조에 힘을 기울였습니다. 일본의 가키에몬식의 색채 자기를 따라한, 색이 선명한 티볼이 판

---

* 본문의 우이차는 홍차와 우롱차의 중간적인 형태로 현재 음용하는 우롱차와는 다른 형태의 차였을 것으로 추정됩니다. 그로 인해 기존 자료에서는 홍차라고 소개되기도 하지만, 본문에서는 '우롱차'로 소개하고 있습니다 (편집자 주).

● 티 캐디

- 차를 넣는 상자는 말레이시아어의 단위를 나타내는 용어 '카티(kati)'가 어원이 되어 '티 캐디(Tea Caddy)'라고 불렸습니다. 모두 특별 주문 제작 상품으로 마호가니와 월넛, 로즈 우드 등 고가인 수입 목재를 사용하였습니다. 열쇠 구멍은 상아, 진주조개를 즐겨 사용했습니다.

처음에는 1상자로 만들었지만 18세기 이후부터는 녹차, 우이차 2종류의 차가 들어가도록 2상자로 만들었습니다. 중앙의 유리 볼은 다른 차를 섞는 것에 사용되었다고 하는데, 경우에 따라서는 설탕을 보관하는 데에도 사용되었던 것으로 추정됩니다. 당시 사용했던 유리 볼과 열쇠가 남아 있는 티 캐디는 현재 매우 귀중한 물품으로 여겨지고 있습니다 (영국제 / 1830년).

● 뚜껑을 연 상태

● 내부 구조

- 블루 & 화이트 이외에도 무늬 티볼이 등장하면서 색상이 밝아졌습니다.

- 중국, 일본의 디자인을 모방한 동양풍의 디자인이 많았던 초기 무렵의 티볼. 무늬 도자기의 유행에 맞춰 꽃무늬 등 영국식 디자인도 등장했습니다 (뉴홀 / 18세기).

- 민턴 양식 볼 (NO. 72).

- 왼쪽의 No.72의 티볼 무늬가 실제로 상품화된 것 (민턴 / 1810년).

- 18세기가 되자, 영국 원작 티볼이 영국 내에서도 제작되었습니다. 옮겨 담은 차가 넘쳐 흐르지 않도록 잔 받침은 오목하게 만들어졌습니다.

매되기 시작합니다. 동양에서의 수입품은 한 벌로 팔지 않고 대부분 하나씩 따로 팔았던 것에 반해, 영국산 상품은 도트와 같은 무늬로 제작되어 인기를 얻었습니다.

● 고풍스런 양식은 현재의 찻잔 디자인에도 많이 차용되고 있습니다 (민턴).

1 미식가였던 것으로 알려진 앤 여왕은 개인적으로 사산과 유산을 거듭하며 힘든 일을 많이 겪었습니다. 그런 여왕의 슬픔을 달랬던 것이 바로 차와 술이었습니다 (The Honourable Society of the Inner Temple/1838년).

2 앤 여왕이 특별히 주문한 은제 포트는 여왕이 좋아하는 서양배 모양이었습니다. 여성스럽고 우아한 곡선은 오늘날에도 인기가 있어서 '퀸 앤 스타일'의 디자인으로 알려져 있습니다 (영국제/1864년).

3 동양에서 직수입했던 찻주전자는 은제 티포트보다도 가치 있는 물건으로 여겨졌습니다. 특히 큰 찻주전자는 상류층 사람들의 티타임에서 인기였습니다.

언니인 메리 2세와는 달리 사교에 능숙하고 파티를 매우 좋아했던 앤 여왕은 같은 무늬의 티세트로 많은 손님들에게 대접할 수 있도록 중국제의 작은 찻주전자를 큼직한 순은 티포트로 바꿨다고 합니다. 이로써 이제까지는 없었던 큼직한 포트가 가정에까지 보급됩니다. 여왕이 좋아했던 서양배 모양의 티포트는 '퀸 앤 스타일'이라고 불리며 오늘날에도 변함없는 인기를 자랑합니다. 이와 같이 여왕이 취향에 맞춘 티볼과 티포트를 소유하자, 귀족들 사이에도 차 도구를 제작하는 것이 유행했습니다.

앤 여왕은 또 이제까지의 왕비 이상으로 차를 즐기는 환경에 신경을 썼습니다. 공무를 집행했던 윈저성을 비롯해서 몇 군데 성에 다실을 가지고 있었습니다. 특히 유명한 곳이 그녀의 즉위를 기념해서 만들어진 런던의 '켄싱턴 궁전' 부지 안에 있는 '오랑제리(Orangery)'입니다. 흰 벽에 큰 창문을 달아 내부를 아름답게 꾸며 놓고, 정원에는 당시에는 귀했던 동양에서 온 오렌지 나무를 심었습니다. 현재 이 다실은 티룸으로 개방되고 있습니다.

차 문화가 일반 시민에게 퍼지다

인도에서 동남아시아를 향해 동양 무역에 착수한 영국은 앤 여왕 시대에 드디어 중국과 직접 차 무역을 하게 됩니다. 이로 인해 차의 수입량은 현격하게 증가하고 가격도 더욱 안정되어 갔습니다. 이제까지는 왕족과 귀족 사이에 '헌상'되는 물품이라는 이미지가 강했던 차가 많은 사람들이 원하는 사치품이 되어 돈을 내면 구입할 수 있는 시대가 된 것입니다. 앤 여왕을 비롯한 왕족과 귀족들이 모닝 티를 즐기기 시작하면서 특별한 티타임이 아니라도 차를 마셨습니다. 영국의 동인도 회사의 차 수입량은 비약적으로 늘어났습니다.

차의 수입량이 늘어감에 따라 차를 전문적으로 취급하는 가게도 등장합

- 앤 여왕 즉위 기념으로 1704년 켄싱턴 궁전 부지에 만들어진 '오랑제리'는 여름에는 사교의 장으로, 겨울에는 화분에 심은 귀한 오렌지를 키우기 위해 이용되었습니다. 형부인 윌리엄 3세의 가명에도 사용된 '오렌지'는 동양에서 온 독특한 것으로서 당시 주목을 받았습니다.

- 오랑제리(Orangery)에는 현재 티룸으로 일반인도 이용할 수 있는 시설이 구비되어 있습니다. 테이블 위에는 오렌지 화분이 놓여 있고, 메뉴판에도 오렌지 무늬가 새겨져 있는 것을 확인할 수 있습니다.

- 그림의 제목은 『아침』. 침실에서 차를 즐기는 귀부인이 손에 들고 있는 것은 물론 티볼입니다. 아침에 가장 먼저 마시는 차이므로, 테이블 위에는 버터를 바른 빵이 놓여 있습니다 (MORNING /Richard Houston의 1758년 작품 /1890년 판).

니다. 1706년, 영국에서 최고로 오래된 차 전문점이라고 하는 트와이닝사가 차의 소매를 시작합니다. 트와이닝사는 원래 창업자 토머스 트와이닝(1675~1741)이 개업한 '톰의 가게'라는 커피 하우스였습니다. 당시 남성만 들어갈 수 있었으며, 커피와 차, 초콜릿 등을 제공하여 사교의 장으로 번창하고 있었습니다.

그러나 이 시대의 런던 시내에는 2000채나 되는 커피 하우스가 북적거리

● 1706년에 창업한 트와이닝사. 매장의 폭이 이처럼 좁은 이유는 가로 폭이 넓을수록 세금이 높아지는 세법 때문입니다. 매장 내부는 좁고 깁니다. 점 내에는 역대 주인의 초상화가 장식되어 있고, 창립자의 초상화는 풍속화로 유명한 윌리엄 호가스의 작품입니다. 외상 거래를 많이 했던 호가스는 그 대신 호주의 초상화를 그려 주었다고 합니다.

● 현재 10대까지 직계로 대를 잇고 있는 트와이닝사. 영국 홍차의 역사는 바로 트와이닝사의 역사라고도 말할 수 있습니다. 사진은 275주년 기념품이며 정면의 인물은 창립자 토머스 트와이닝입니다.

고 있어서 장사는 크게 변화가 없었습니다. 그래서 토머스는 1717년, 가게 옆에 '골든 라이언'이라는 이름으로 일반 시민을 대상으로 한 차 소매점을 독립적으로 개업합니다. 골든 라이언이 개업하면서 여성도 자유롭게 차를 구입할 수 있는 환경이 갖춰져서 중산층 사람들 사이에서 화제가 됩니다. 차의 소매가 궤도에 오른 트와이닝사는 나중에 커피 하우스를 접고 사업을 차의 소매로 일원화했습니다.

 또한 1707년, 런던의 중심지에 고급 잡화와 식재료를 전문으로 취급하는 '포트넘&메이슨'이 개업을 합니다. 앤 여왕 밑에서 일하며 여왕의 일상품을 관리했던 윌리엄 포트넘이 지주인 메이슨과 함께 앤 여왕의 일상품을 판매하는 매장을 개업한 것입니다.

 포트넘&메이슨은 개업 당시 여왕과 같은 품질의 물건을 원하는 상류층

● 상류층 사람들을 대상으로 한 포트넘&메이슨은 가게 규모도 큼지막합니다. 지하 1층은 식품매장으로 레스토랑이 여러 개 있기 때문에, 때에 따라 차를 마시거나 밥을 먹을 수 있습니다. 정문의 태엽 시계는 1964년에 설치된 것으로 이 회사의 상표에도 사용되고 있습니다.

고객을 많이 확보하고 있었습니다. 1720년경부터는 고객의 요구에 따라 차도 판매하기 시작합니다. 이 회사의 유명한 브랜드 차로는 앤 여왕의 이름을 붙인 '퀸 앤'이 있습니다.

이러한 가게는 찻잎만이 아니라 차 도구와 향신료, 설탕도 취급하고 있었

● 앤 여왕의 신하였던 포트넘은 부업으로 궁정에서 사용했던 양초를 재활용하여 개업 자금을 모 았습니다. 양초가 이 회사의 시발점인 셈입니다. 점 내에 장식되어 있는 포트넘의 등신대 인형 의 손에는 촛대가 쥐어져 있으며, 샹들리에도 양초 모양으로 되어 있고, 그가 입고 있는 의상 역 시도 하인 복장입니다.

습니다. 그래서 차 문화는 한층 빠르게 확산되어 티볼의 보급도 확산되었습니다.

그러나 1740년대 정도부터 손이 뜨겁지 않도록 손잡이를 붙인 찻잔이 제조되었습니다. 손잡이가 달린 덕분에 찻잔으로 직접 차를 마시게 되었고, 이 방법은 곧 주류가 되었습니다. 그 때문에 잔 받침에 옮겨서 차를 마시는 습관은 급속하게 쇠퇴하게 됩니다.

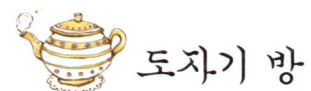 도자기 방

● 베를린 샤를로텐부르크 궁전 내부.

도자기의 개수로 승부하는 독일 왕

당시의 왕족과 귀족은 '도자기 방'을 만드는 데 열중하게 됩니다. 이는 수집한 동양 도자기를 장식하는 방으로 17세기~18세기에 걸쳐서 유행했던 '시누아즈리 문화'를 확연히 엿볼 수 있습니다.

유명한 도자기 방으로는 독일 프로이센의 국왕 프리드리히 1세가 아내 소피 샤를로테를 위해서 만든 샤를로텐부르크 궁전(베를린)의 도자기 방과 작센의 왕 아우구스트 2세(마이센의 개업에 힘쓴 왕)가 만든 츠빙거 궁전(드레스덴)의 도자기 방을 들 수 있습니다.

격찬을 받은 메리 2세의 수집품

남성인 왕들이 도자기를 수만 점이나 모아 양적으로 승부한 것에 반해 영국 여왕이 된 메리 2세는 양보다 질을 중시했습니다. 양으로는 800점가량의 적은 수집품이지만 품질이 좋은 도자기를 모아 격찬을 받았습니다. 하지만 유감스럽게도 수집된 도자기들의 대부분은 메리 2세의 사망 후 사이가 안 좋았던

● 영국의 햄프턴코트 궁전 내부.

동생인 앤 여왕이 모두 되팔아 버렸습니다. 그러나 그중 일부는 그녀가 사랑했던 햄프턴코트 궁전에 아직까지 장식되어 있습니다.

메리 2세의 영향으로 영국에서는 여왕과 같이 도자기 방을 소유하는 귀족이 증가합니다. 서로 성을 방문하고 도자기 방을 자랑하는 것이 사교로 유행하게 됩니다.

일본 나가사키의 하우스텐보스 안에는 샤를로텐부르크 궁전의 도자기 방을 재현한 '포르세레인 뮤지엄'이 만들어져 있습니다. 여행할 때 들러 보면 벽 한 면에 장식된 아름다운 도자기를 볼 수 있습니다.

● 드레스덴의 츠빙거 궁전 내부.

차와 설탕

- 슈거 크러셔의 밑바닥은 돌기가 도드라져 있어서 설탕을 부술 수 있게끔 되어 있습니다. 크게 부서진 설탕은 슈거 니퍼로 잘게, 분말 상태로 된 것은 슈거 캐니스터에 넣어서 분말 설탕으로 이용했습니다. 고가의 설탕을 하급 하인에게 맡길 수 없었기 때문에 설탕을 부수는 작업은 중노동이었음에도 안주인이 직접 했습니다.

귀중품이었던 설탕

차와 아울러 티 테이블을 장식했던 것은 '설탕'입니다. 당시는 인도와 남미에서 수입된 물품이었기 때문에 차와 같이 귀중품으로 취급되었습니다. 당시의 설탕은 현재와 같이 과립 상태가 아니라 덩어리로 수입되었기 때문에 구입한 후에 각 가정에서 은제 분쇄기로 부수어 테이블에 올렸습니다.

고가의 수입품이었던 설탕을 과시하기 위해 설탕을 담는 용기에는 일부러 뚜껑을 덮지 않았다는 것도 흥미로운 점입니다. 서양에 차가 전래되었던 당시에는 차에 곁들이는 다과가 없었기 때문에 많은 설탕을 곁들여 대접했습니다. 고가인 설탕을 집는 순은 집게도 손님이 손을 대는 것은 금기시되어 주인이 직접 나눠 주었습니다. 그 때문에 각 가정의 설탕 집게에는 일반적으로 소유자의 이니셜이 새겨져 있었습니다.

1 슈거 캐니스터(Sugar Canister) (영국제/1894년).
2 슈거 니퍼 (영국제 / 18세기 후반).
3 슈거 크러셔(설탕 분쇄기) (프랑스제/18세기 초).

● 햄프턴코트 궁전의 한 방에는 윌리엄 3세와 메리 2세가 친한 친구를 초대했을 당시의 테이블이 재현되어 있습니다. 설탕 과자의 호화로움에드 주목해 보시기 바랍니다.

사치스럽게 쌓아 올린 설탕에 주목해 보십시오

설탕을 사용해서 만든 머랭과 설탕에 절인 과일이 티타임 때 제공된 것은 메리 2세 시대부터입니다. 메리 2세의 동생인 앤 여왕은 단것을 매우 좋아했습니다. 특히 향신료를 첨가한 서양배 파이와 설탕에 절인 생강 등을 좋아해서 궁정의 티타임은 밝고 흥겨웠습니다. 당시의 티타임을 그린 그림에서 티볼과 함께 사치스럽게 쌓인 설탕을 중점적으로 보시면 재미있게 관람할 수 있습니다.

제2장

영국산 도자기 산업의 탄생

상류층 여성들의 티타임
높게 묶은 머리 형태는
18세기 후반의 유형이었습니다.

하노버 왕조는 남성에게만 왕위 상속이 가능했던 시대의 왕조입니다.
영국에서는 국산 도자기 산업이 흥하기 시작했습니다.
티볼이 '찻잔'으로 변화한 것도 이 시대입니다. 한 시대를 풍미했던
고대 그리스와 로마 문화로의 회귀 운동(르네상스)도
찻잔의 디자인에 큰 영향을 주었습니다.

티가든의 유행

1714년, 앤 여왕이 승하합니다. 하지만 여왕에게는 자녀가 없었기 때문에 스튜어드 왕조는 단절되고 맙니다. 그래서 영국은 독일의 하노버가에서 조지 1세(1660~1727)를 새로운 국왕으로 맞이합니다. 하노버 왕조가 시작된 것입니다.

독일 출신으로 영어를 거의 못했던 조지 1세는 영국의 문화에는 별로 흥미를 보이지 않았습니다. 그 아들 조지 2세는 독일 왕의 직무도 겸임하였는데, 거듭되는 전쟁으로 나라를 비우는 일이 많아서 영국의 문화에까지 마음을 쓸 만큼의 여유가 없었습니다.

그러나 그 사이에도 차 문화는 국민들 사이에 공공연하게 퍼집니다. 17세기에 음주를 규제하면서 성행했던 커피 하우스는 하노버 왕조 시대에 규제가 완화되자 더욱 다양해졌습니다. 술을 다루면서 선술집(Pub)처럼 바뀌

● 티가든에서 연주회를 하는 모습. 중앙에 있는 여성 한 사람은 드본셔 공작 부인인 조지애나입니다 (Thomas Rowlandson 작품/1785년).

기 시작한 가게와 한정된 손님을 대상으로 하여 클럽으로 자리를 옮긴 가게도 생겼습니다. 차를 도매로 판매하는 트와이닝, 보험업을 시작한 로이즈와 같이 다른 사업으로 전환하는 가게도 있었습니다. 그리고 1730년경, 새롭게 등장한 것이 바로 '티가든'입니다.

티가든은 광대한 정원을 산책하면서 차를 즐길 수 있도록 런던 교외의 전원 지대에 만들어졌습니다. 부지 안에 지붕이 있는 '티하우스'를 세우고 버터를 바른 빵 등과 함께 차와 커피, 핫초콜릿과 같은 음료를 제공했습니다. 커피 하우스와 크게 다른 점은 신분, 성별에 관계없이 누구라도 입장할 수 있었다는 것입니다. 상류층이 동경하여 유행했던 동양의 차 문화를 중산층 이하의 여성, 그것도 가정의 중심을 이루는 여성이 가볍게 접할 수 있게 되었습니다. 이는 일반 시민이 가정 내에서 차를 소비하는 데에도 큰 변화의 바람을 몰고 왔습니다.

● 티가든은 남성만 들어갈 수 있던 커피 하우스와는 달리 여성과 어린이도 입장할 수 있었기 때문에 가족이 즐기는 장소로서 부동의 인기를 누렸습니다.
(A Tea Garden/George Morland 작품/1894년).

● 티가든에 영향을 받아서 자신의 저택 부지에서도 자연을 즐기며 티타임을 즐기는 여성들이 급증했습니다.

티가든에서는 오케스트라 박스에서 열리는 연주회, 야간의 조명 장식과 불꽃놀이, 무도회와 같이 차 마시는 일 외에도 오락적인 측면에 주력했습니다. 그 때문에 서민들의 오락의 장으로서 큰 주목을 받습니다. 초기 무렵에는 입장료가 무료였지만 서비스가 충실해지면서 점차 유료화되었습니다. 입장료는 2~3실링으로 당시의 일반적인 노동자 계층의 2~3일치의 임금과 맞먹었지만 현재의 유원지와 같이 가족단위로 놀러 가는 곳으로, 꾸준히 인기를 얻었습니다.

1732년에 오픈한 '복솔(Vauxhall) 가든'과 1742년에 개장한 '라넬라(Ranelagh) 가든'은 특히 높은 평가를 받은 티가든이었습니다. 라넬라에서는 1764년에 당시 8세에 불과했던 모차르트가 연주회를 연 기록도 남아 있습니다.

건강한 느낌의 차가 주목 받다

영국에는 17세기말 메리 2세와 윌리엄 3세의 즉위(명예혁명) 이후, 국왕 부처의 고국인 네덜란드에서 '진'이 수입되었습니다. 진의 매력은 40도 이상으로 높은 도수입니다. 진은 한 잔만 마셔도 맥주와 에일(ale)을 몇 잔이나 마신 것처럼 취기가 돌았기 때문에 사람들은 많이 마시지 않아도 취할 수 있다며 진에 빠져 들었습니다. 점차 영국 내의 주조업자도 적극적으로 진을 생산하게 되었고, 진의 가격은 점점 내려갑니다. 그러면서 저소득층을 중심으로 진 중독자가 만연하게 되었습니다.

● 『맥주 골목』. 왼쪽의 살찐 남자들(대장장이와 정육업자)이 맥주잔을 들고 마시고 있습니다. 생선을 파는 여자들도 맥주를 마시면서 노래를 합창하고 가난뱅이 화가도 술집 간판에 대맥(맥주의 원료) 더미 앞에서 춤추는 농민을 그리며 크게 만족하고 있습니다. 전당포는 사람이 없어서 망할 것 같습니다 (Beer Lane/William Hogarth 작품/1863년판).

● 『진 골목』. 실명으로 인해 죽음에 다다른 남녀가 계단에 앉아 있고, 건물은 무너져 갑니다. 장의사 앞에서 울부짖는 아이 옆에서 아내를 관에 넣는 남편 뒤편에는 무너진 벽 사이로 장례식 행렬이 지나갑니다. 가난한 사람을 상대로 성업 중인 왼쪽의 전당포에는 한 잔의 진을 마시기 위해 동으로 된 냄비를 파는 여성의 모습도 그려져 있습니다 (Gin Lane/William Hogarth 작품/1863년판).

그런 사회를 걱정한 풍자 화가 윌리엄 호가스(William Hogarth)는 1751년에 2장의 판화를 발표합니다. 제목은『맥주 골목』과『진 골목』이었습니다.『맥주 골목』은 이전과 같이 맥주를 즐겨 마시는 서민의 건강과 번영을 그렸지만,『진 골목』에서는 싼 진을 마셔서 몸을 망치는 빈민의 비참한 광경을 그려 냈습니다. 진으로 타락하는 것에 위기감을 느낀 사람들은 반대로 '약', '건강'의 이미지가 강한 '차'를 더욱 동경하게 되었습니다. 차에 대한 사람들의 높은 흥미는 영국에서도 유익했던 것입니다.

● 『매춘부의 편력(Harlot's progress)』. 시골에서 나와서 매춘부가 된 몰은 부자들에 둘러싸여 차를 마실 수 있게 됩니다. 그러던 중, 몰은 패트런의 눈을 피해 젊은 남자와 바람이 나게 됩니다 (William Hogarth 작품/Darenport 판화/1850년).

● 『매춘부의 편력(Harlot's progress)』. 패트런에게 버림을 받은 몰은 빈민가에서 지냅니다. 그에 따라 차를 마시는 모습도 변화하게 됩니다 (William Hogarth 작품/Darenport 판화/1850년).

그러나 차를 마시고 싶어도 멀리 중국과 일본에서 운반되어 오는 차 도구는 차 이상으로 비싸서 노동자 계층이 함부로 살 수 없었습니다. 독일을 비롯한 오스트리아와 이탈리아, 프랑스에서는 이미 18세기 초, 동양 도자기의 제조법이 알려지면서 도자기를 생산하고 있었습니다. 하지만 유감스럽게도 영국에서는 도자기의 원재료가 되는 광석인 '카올린(고령토)'을 채굴할 수 없었기 때문에 고전할 수밖에 없었습니다. 또 왕정이 복고된 지 얼마 되지 않아 다른 나라에 비해 왕권 역시 약했기 때문에 도자기 산업은 민간 중소 자본을 중심으로 진행되고 있었습니다. 그 때문에 자금력 부족도 문제가 되었습니다.

영국산 도자기가 계속해서 만들어지다

자금 조달이 어려울 때 예외적으로 후원자가 있었던 곳은 '첼시 요업(窯業)'입니다. 컴벌랜드 공작의 든든한 지원을 통해 1745년에 창립되었습니다. 첼시 요업은 공작으로 인해 입소문이 나게 되어 왕실에서도 증정품 주문이 들어오게 되었습니다. 이로 인해 최고급 도자기를 굽는 요업으로 알려지게 되어 1770년경까지 압도적인 인기를 자랑했습니다. 당시 첼시 요업이 자신 있게 생산했던 도자기는 아리타 야키(有田焼)의 모조품이었습니다. 하지만 실제로 첼시 요업이 견본으로 한 도자기의 그릇은 아리타 야키가 아니라 이를 모방한 마이센 요업의 작품이었다고 합니다.

첼시 요업의 경쟁사로 유명했던 업체는 1747년에 창립한 '보 요업'이었습니다. 1748년, 보 요업에서는 자사만의 독특한 기술을 개발합니다. 기본 원재료에 동물의 뼛가루를 섞어서 만드는 것으로, 이렇게 구우면 부드럽고 투명도가 높으며 독특하게 반짝이는 도자기가 완성되었습니다. 이 기술은 나중에 '본차이나'라고 불리는 그릇으로 이어지게 됩니다. 영국에서의 보 요업은 본차이나 최초의 요업으로 이름을 알리게 되었고, 그 독특한 기술은 후일, 영국 도자기 업계에 큰 공헌을 하게 됩니다.

보 요업의 제품은 첼시나 독일 마이센의 도자기와 비교했을 때 경제적으로도 비교적 구입하기에 적당한 가격이어서 일상적으로 사용하는 식기로도 중산층에게 인기가 있었습니다. 보 요업에서 통상 사용된 디자인은 가키에몬 스타일입니다. 그후 용, 구름, 모란이라는 중국적인 무늬의 것도 많이 제작되었습니다. 1756년에 전사법(transfer printing)에 의한 작품을 처음으로 선보인 곳도 보 요업에서였습니다.

● 도자기 제작 초기에는 실용적인 그릇보다 관상용 인형 등으로 제작하는 데에 많은 힘을 쏟았습니다 (첼시/1751년).

어려서 아버지를 여의고 초등학교마저 중퇴해야만 했던 가난한 가정에서 자란 조사이어 웨지우드(Josiah Wedgwood, 1730~1795)는 소득이 적은 노동자 계층도 구입할 수 있는 그릇을 만들기 위해 오랫동안 연구하여 1761년에는 아름다운 유백색의 경질 자기(크림웨어)를 만들어 내는 데 성공했습니다.

이 크림웨어는 일부 작업이 기계화되어 대량 생산이 가능하고 가격은 저렴했습니다. 또 좋은 품질에 염가로 판매된 크림웨어는 식기에 관심이 없었던 사람들이나 경제력이 없어서 구입할 수 없었던 사람들의 삶 속에 빠

● 사업 기간이 짧았던 보 요업의 작품은 희귀합니다 (보/1760년).

르게 스며들게 됩니다. 이후 크림웨어는 조악한 저급 자기와 최고급 자기의 중간을 노린 '실용 자기'의 대명사가 되어 많은 가정에 보급되었습니다.

1765년 조지 3세(1738~1820)의 아내 샬럿 왕비(1744~1818)는 웨지우드 요업에

● 웨지우드 요업의 크림웨어는 '실용 자기'임을 늘 표방하였습니다. 초기의 크림웨어는 현재 생산되고 있는 소재보다 조금 더 짙은 잿빛을 띱니다.

● 일본에서는 웨지우드 요업의 본차이나가 많은 인기를 얻고 있지만 영국의 일상 식탁에서는 아직까지도 염가의 크림웨어를 소중히 사용하고 있습니다 (웨지우드/1940년).

● 웨지우드 요업의 창설자 조사이어 웨지우드. 도예가로서 뿐만이 아니라 기업가, 복지가로서도 알려져 있습니다 (내셔널 포트레이트 갤러리/1841년).

크림웨어의 찻잔과 커피잔 세트를 발주합니다. 가족과 일상적으로 사용하기 위한 것이었습니다. 호화로운 궁전 생활보다도 전원에서 사는 것을 바랐던 조지 3세는 '농부왕'이라는 애칭으로 국민에게 사랑을 받던 왕이었습니다.

국왕 부처는 런던 근교, 큐(Kew)에 위치한 작은 궁전의 자연 속에서 아이들을 양육했습니다. 현재 왕립 식물원이 되어 있는 큐 가든에는 '퀸 샬럿 코티지'가 남아 있습니다. 가정적인 것을 좋아한 샬럿 왕비는 웨지우드 요업의 크림웨어를 높이 평가하여 크림웨어에 '퀸즈 웨어'라는 특별한 명칭을 내리고, 웨지우드 요업을 '여왕의 자기' 업체로 지정했습니다. 크림웨어의 인기는 그 후 해외에까지 파급되었습니다. 1773년에는 러시아의 여제 예

- '농부왕'이라는 애칭으로 불렸던 조지 3세는 여러 명의 연인을 두었던 역대 국왕들과는 달리 온 생애 동안 샬럿 왕비만을 사랑했습니다(1789년).

- 조사이어 웨지우드가 샬럿 왕비에게 식기를 헌상하는 장면. 웨지우드 요업의 상품은 퀸 웨지우드의 명칭으로 애용되었습니다 (Firestone사의 광고/1923년).

카테리나 2세의 주문을 받아 952점이나 되는 대작 '프로그 서비스'가 제조되었습니다.

● 예카테리나 2세에게 선물한 식기는 그녀가 사는 상트페테부르크의 체스미 궁전에 납품되었습니다. 앞에 개구리가 사는 늪이 있어서 '개구리 궁전'이라고 불렸기 때문에, 조사이어는 모든 그릇에 손발을 뻗은 개구리 문양을 그리도록 지시했습니다. 그 때문에 이 식기는 '프로그 서비스'라고 불렸습니다. 50인분, 크고 작은 952개의 그릇에는 영국 각지의 유서 깊은 고성과 동굴, 아름다운 궁전, 전원 풍경을 손으로 그린 그림이 단색으로 장식되어 있습니다. 무늬는 총 1244점이나 됩니다. 33명의 기술자의 손으로 그려진 이 '프로그 서비스'는 러시아의 에트미타슈 미술관에 소장되어 있습니다. 사진은 프로그 서비스의 225년을 기념해서 만든 복제판입니다 (웨지우드 재현물 : 오른쪽 1997년, 왼쪽 1998년. 각 1만 점 한정).

● 프로그 서비스 재현품 확대 모습.

신고전주의에서 탄생한 재스퍼웨어(Jasper ware)

서양 근대 문화는 르네상스 때부터 시작되어 '바로크 양식'과 '로코코 양식'으로 변화를 겪습니다. 하노버 왕조 시대에 이 과도한 장식과 괴이한 디자인이 주류를 이루지만 18세기 후반부터는 그러한 양식에도 식상함을 느끼게 되었습니다. 1748년 폼페이 발굴을 계기로 '신고전주의'가 유행하게 되면서 고대 그리스와 로마의 고전적인 미를 다시 보는 의식이 강해집니다.

조지 3세의 시대, 유럽 내부의 정치가 안정되어 가면서 상류층 자제들의 '그랜드 투어'가 유행하기 시작했습니다. 그랜드 투어는 학업 종료 후에 가는 대규모의 해외여행이었습니다. 주요 행선지는 프랑스, 이탈리아, 그리스, 이집트, 중근동 등으로 당시의 문화적 선진국이었습니다.

특히 이탈리아에는 고대 로마와 르네상스 시대의 유산이 많았습니다. 그에 영향을 받고 여행에서 돌아온 젊은이들은 영국에 신고전주의 건물을 많이 세우게 됩니다. 그랜드 투어에 참가하는 것이 지적이라는 이미지가 부각되면서 인기를 불러일으켰습니다.

신고전주의의 건축가로서 당대를 풍미했던 로버트 애덤(1728~1792)도 젊었을 때 그랜드 투어에 나섰던 사람입니다. 그는 귀국 후 귀족의 저택인 컨트리 하우스를 많이 짓습니다. 로코코의 섬세함을 남기면서 로마 양식을 도입한 실내 장식은 '애덤 스타일'로 칭송을 받으며 많은 귀족들을 사로잡았을 뿐만이 아니라 다른 예술가에게도 영향을 주게 됩니다.

신고전주의에서는 실내의 모든 요소와 가구를 비롯한 방 전체에 고전 시대의 분위기를 내는 것, 즉 실내 장식 전체의 통일이 중요시되었습니다. 진품의 조형상과 항아리, 골동품으로 장식하는 것은 최고의 사치였는데, 이것이 여의치 않으면 모조품으로 방을 장식하고 고전적인 분위기를 연출했습니다. 이러한 컨트리 하우스에 대한 건축 열기와 함께 저택을 장식하는 장식품의 수요도 증가해 갔습니다.

컨트리 하우스에서는 사교 시즌 이외에도 대규모의 파티가 개최되었습니

● 배스(Bath)에 있는 '로열 크레센트'는 상류층 사람들이 휴양을 위해 거주하는 곳이었습니다.

● 고전문화가 유행한 18세기, 로마 시대풍의 욕탕이 있는 배스는 휴양지로 각광을 받았습니다.

다. 많은 상류층의 사람들은 고대 로마인이 발견한 온천 마을로, 휴양의 중심지인 배스(Bath)로 모여들었습니다. 귀부인들 사이에서는 아름다운 주름을 잡은 고대 그리스풍의 드레스가 유행했습니다. 영국에서 인기 있는 여류 작가 제인 오스틴의 작품 속에도 당대 배스에서의 사교가 자주 묘사되었습니다.

이러한 신고전주의의 유행에 착안한 웨지우드 요업이 1774년에 발표한 것이 '재스퍼웨어'입니다. 4년 남짓한 기간 동안, 수천 회의 시도 끝에 완성된

● 배스의 사교 모임을 그린 모습은 제인 오스틴의 소설 속에서 자주 등장합니다 (Thomas Rowlandson 작품/1798년).

재스퍼웨어는 자기에 가까운 석기(炻器)를 바탕으로 한 신소재 자기였습니다. 파란색, 초록색, 검정색, 회색, 갈색, 분홍색, 노란색, 연보라색 등 신고전주의에 어울리는 색상을 사용했습니다. 아름다운 돋을새김 장식에는 고대 그리스와 로마의 장식 무늬와 도안(여신, 천사, 꽃, 새 등)이 차용되었습니다. 재스퍼웨어는 신고전주의의 저택에 빼놓을 수 없는 장식품이 되었습니다.

이러한 노력으로 영국 도자기의 인기는 늘어만 갔습니다. 하지만 그때까지

● 배스에 있는 제인오스틴센터의 내부에는 18세기 말의 티타임 장면이 재현되어 있습니다. 소설의 주인공들이 차를 즐기는 장면을 상상해 보세요.

● 신고전주의에서 구성된 재스퍼웨어의 견본 색상. 이것들은 신고전주의 건축 실내 벽의 도료색과 유사합니다.

● 웨지우드 요업은 재스퍼웨어의 재료를 사용해서 여러 가지 아이템을 제작합니다. 사진은 남성 양복에 달았던 장식 단추입니다.

도 도자기를 수송하기 위한 운반망이 정비되지 않아 대도시까지 전달하는 시간이 너무 오래 걸리거나 모처럼 구운 식기가 수송 중에 마차에서 파손되어 버리는 문제점이 있었습니다. 이 때문에 조사이어는 도자기의 마을 스토크온트렌트와 상업 도시 리버풀까지를 수로로 잇는 '트렌트앤머지 운하' 의 건설을 제안했습니다. 1777년, 그의 조력 덕분에 드디어 운하가 완성됩니다. 이 운하를 통한 수송으로 인해 영국 도자기 산업은 경비 절감에 성공했고, 더욱더 많은 업적을 남길 수 있었습니다.

- 검은 재스퍼웨어는 귀부인의 하얀 손 위에서 더욱 아름답게 보였기 때문에 티타임에서 많은 인기를 얻었다고 전해집니다(웨지우드 / 1880년).

- 그리스 신화를 주제로 한 재스퍼웨어. 가장 인기가 많았던 벨블루(왼쪽)는 전 세계에 '웨지우드 블루'로 알려졌습니다.

차의 관세 문제 – 보스턴 차 사건

영국이 신고전주의에 물들어 가는 사이, 차 산업은 새로운 문제에 직면하게 되었습니다. 영국에서 차는 1660년부터 과세 대상이었습니다. 또한 독점 취급이 허용되어 있었던 동인도 회사만이 수입할 수가 있었습니다. 정식적으로 수입되는 차에 매겨지는 '관세'는 골치 아픈 문제였습니다.

그런 차의 관세를 둘러싸고 큰 사건이 일어난 곳은 바다를 사이에 둔 신천지 미국이었습니다. 1660년에 왕정이 복고되면서 종교상의 문제로 더 이상 영국에 거주하는 것이 힘들어진 많은 청교도들은 미국으로 이민을 가게 됩니다. 1664년에는 미국의 일부 지역이 정식으로 영국의 식민지가 되면서 이민자의 수도 증가합니다. 미국의 많은 개척민은 영국 본토의 상류층 사람들처럼 비싼 차를 비싼 동양의 그릇으로 음용하는 것을 성공의 상징으로 여기고 일에 몰두했습니다.

1750년에는 뉴욕에 티가든이 개업합니다. 개척은 순조롭게 진행되어 이에 성공한 사람들은 영국과 같이 우아하게 차를 마시는 생활을 누립니다. '보스턴 미술관'에는 당시의 개척자들이 사용했던 아름다운 다기가 지금도 많이 보존되어 있습니다.

그러나 당시 북미에서는 영국과 프랑스의 식민지 쟁탈 전쟁이 일어나고 있었습니다. 영국은 승리했지만 전쟁 비용으로 인한 부채는 컸습니다. 이 때문에 식민지에도 부담을 강요하여 여러 곳에 세금을 매기게 되었던 것입니다. 설탕, 차, 커피 등의 고급품을 비롯하여 일상생활에 필요한 종이까지도 과세의 대상이 되었고, 해가 갈수록 증가되었습니다. 너무나도 일방적으로 과세가 이루어지자 미국의 시민은 들고 일어났습니다. '(국민이 선출한)대표 없는 곳에 과세 없다'라는 슬로건을 내걸고 상품의 불매 운동을 시작해서 대규모 집회를 자주 열었습니다. 이로 인해 과세는 철폐되어 갔지만 차에 대한 세금만이 유일하게 남았습니다.

'차의 관세'는 영국 본토 압정의 상징이 되어 비난의 표적이 되었습니다. 그래서 설치게 된 것이 밀수입니다. 당시 미국에는 네덜란드와 프랑스에서 밀무역이라는 형태로 대량의 차가 수입되고 있었습니다. 본국의 감시를 피해 차를 수입하기 위해서는 빠르게 움직이는 바가 필요했습니다. 나중에 홍차 운반에서 시대를 풍미하게 되는 '클리퍼선'(차 수송 범선)은 이 시대에 고안되었다고 전해집니다.

사람들이 싼 밀수 차를 즐겨 마시고 영국의 차를 거부하는 사태가 계속되자, 동인도 회사는 대량의 재고를 떠안게 됩니다. 그 때문에 영국은 1773년, 새롭게 '차법'을 제정합니다. 이것은 식민지 쪽에는 관세를 피하기 위한 차의 밀수입을 금지하고 동인도 회사 쪽에는 기존의 관세 없이 북미 식민지에 차를 판매하도록 인정한 법률입니다. 대량의 차 재고를 떠안고 재정적으로 막다른 골목에 놓여 있던 동인도 회사에 식민지에서 차의 '판매 독점권'을 부여한 내용이었습니다. 이 법률에 따르면 동인도 회사는 당시의 밀수 차보다 싼값으로 차를 팔 수 있었습니다. 차법은 과세를 강화하는 것이 아니라 오히려 철폐하는 것이었기 때문에 영국은 이로써 사태가 수습될 것이라 예상했습니다.

그러나 결과는 정반대로 나타납니다. 당시 밀무역을 통해 생활을 영위하고 있었던 대부분의 사람들은 '식민지 무역의 전체 독점을 노리는 첫걸음이 아니냐', '본국의 과세권 그 자체가 초점인데도 불구하고 차가 싸지니까 납득하라는 임시방편인 정책에 누가 따를 것이냐'며, 특정 회사에 특권을 부여하는 듯한 일방적인 법률에 반발했습니다.

반대 운동은 그 후에도 계속되어 차는 우아함만을 상징하는 대상이 된 것이 아니라, '영국의 압정', '자유의 속박'을 함께 상징하는 대상으로 바뀌어 갑니다. 결국 1773년 12월 16일 밤, 보스턴의 정치 단체 일원 약 50명은 미국 원주민 모호크족으로 변장하고 동인도 회사 배를 습격합니다. 그들은 배에 실려 있던 342상자의 차 상자를 바다에 던졌습니다. 이것이 '보스턴 차 사건' 입니다. 소동을 듣고 달려온 대다수의 시민은 가세도, 제지도 하지 않은 채 이 모습을 지켜보았다고 합니다.

● 용감했던 미국 원주민 모호크족으로 변장해 보스턴 차 사건을 일으킨 한 장면. 실제로는 참가자의 신원을 알 수 없도록 구두약과 검댕이로 얼굴을 칠했다고 합니다 (Robert Reid 작품/1904년).

● 미국에서는 매년 12월 16일 날짜가 찍힌 보스턴 차 사건 기념 봉투가 판매되고 있습니다 (사진은 2010년판).

이 사건에 대해 영국 정부는 세금 조치의 잘못을 인정하지 않고 보스턴을 군정 하에 둡니다. 본국의 조치에 화가 난 식민지 측은 1774년 펜실베니아 주의 필라델피아에 식민지 대표를 모아서 제1회 대륙회의를 열고 영국과의 경제적 단교를 결의하게 됩니다. 이후 1775년, 독립 전쟁이 발발하게 됩니다. 그 이듬해 독립선언이 발표되지만 영국은 미국의 독립을 좀처럼 인정하려 들지 않습니다. 그러던 중 프랑스가 미국의 편을 들자, 1783년에 마지못해 서류에 사인을 하게 됩니다. 영국의 국왕 조지 3세는 이렇게 광대한 식민지를 잃게 됩니다. 동경의 상징이었던 차가 식민지 독립의 계기가 된 것입니다. 이후로 미국 사람들은 차를 점차 멀리하기 시작합니다.

차의 관세 문제 - 영국 내에서의 세율 인하

미국에서 큰 문제가 되었던 차의 관세는 본국인 영국에서도 남의 일이 아니었습니다. 미국의 독립 전쟁에 드는 막대한 전쟁 비용은 국민의 부담이 되었습니다. 또한 차의 관세는 해마다 올라 결국에는 119%라는 비상식적인 세율로 부풀어 올랐습니다. 그 때문에 시장에는 네덜란드에서 대규모로 밀수입해 가져온 차들이 유통됩니다. 결국 영국 동인도 회사에서 차를 사들이는 취급업자도 판매에 부진을 겪게 되면서, 정부 측에는 기대하는 만큼의 세금이 들어오지 않게 되는 심각한 문제를 야기했습니다.

리처드 트와이닝(트와이닝사의 4대 째 대표)은 이대로 두었다가는 영국에서도 보스턴 차 사건과 같은 큰 폭동이 일어날 것을 우려해 차업계를 대표해서 수상 윌리엄 피트와 수년에 걸쳐서 차의 관세에 대해서 의견을 나누게 됩니다. 이 회동에서 리처드는 차의 관세를 철폐하고 그 세입 손실은 취급업자가 이후 4년간에 걸쳐 국고에 납입하도록 하는 방안을 제안합니다. 이것을 받아들인 윌리엄이 1784년 감세법을 통과시키면서 차의 관세는 119%에서 약 10분의 1인 12.5%로 인하되었습니다.

감세법이 시행되기 전과 후에는 차의 가격이 어느 정도 차이가 날까요? 트와이닝사의 자료에 따르면, 1파운드(약 453g 정도)를 구매 시에 1740년~1793년에는 '우이차(Bohea Tea) 5~8실링', 감세법 이후에는 '우이차(Bohea Tea) 1실링 7펜스'로 기록되어 있습니다. 감세법의 효과는 차의 가격을 인하한 것만이 아닙니다. 가격이 인하되자 차의 소비는 확대되고 영국 동인도 회사가

● 증기기관차를 발명한 제임스 와트(1736~1819) 일가의 차 마시는 풍경. 차 관세의 감소에 의해 중산층의 가정에서도 차를 즐길 수 있게 되었습니다 (1850년).

수입하는 차의 양도 증가했습니다. 차의 밀수가 소용이 없어지면서 이제까지 밀수업자에게 흘러 들어갔던 돈은 영국 내에서만 유통되었습니다. 자국을 부강하도록 하는 일에 일조하는 셈이었습니다. 이를 통해 트와이닝사는 정치가뿐만 아니라 국민의 신뢰를 얻는 데에도 성공하고, 이후 리처드는 동인도 회사의 이사로 추대됩니다.

● 와트는 주전자에서 올라오는 수증기를 보고 증기기관차에 대한 영감을 얻었다고 합니다 (1849년).

본차이나의 탄생

영국의 도자기 산업은 다른 나라에 비교하면 늦게 시작했지만 자기에 대한 사람들의 관심은 높아만 갔습니다. 그러나 1773년경부터는 중국 자기의 수입량이 급속히 감소하기 시작합니다. 중국이 영국에 대해서 무역 제한을 시작했기 때문입니다.

그 때문에 보 요업이 구축한 본차이나의 개량이 매우 긴요한 과제가 되었습니다. 각 요업체들이 고전하는 와중에 두각을 나타낸 것이 스포드(Spode) 요업(1770년 창업)입니다. 창업자 조사이어 스포드 1세(1733~1797)는 16세에 도기 장인의 제자가 되어 뛰어난 재능을 발휘한 인재였습니다. 그는 1784년에 동판 전사에 의한 밑그림 인쇄 기법을 개발해서 인정을 받습니다. 그 기술을 살려서 흰 바탕에 블루의 밑그림을 장식하는 독특한 기법을 완성, 양산에 성공했습니다.

'아시안 웨어'라고 불리는 스포드의 자기는 부싯돌과 콘월(Conwall) 지방의 돌, 점토 등을 혼합하여 구운 것으로 경질자기입니다. 스포드 1세는 보 요업이 연구를 해 온 내용에 개량을 거듭하면서 소의 골회를 섞어, 밑바탕을 백자에 가깝도록 하는 데에 거의 완벽히 성공합니다. 하얀 바탕은 골회의 주성분인 인산칼슘이 아니라 다른 성분의 양을 통해 조절합니다. 동물의 뼈는 각기 보유한 성분이 미세하게 다릅니다. 스포드 1세는 소의 뼈는 철분이 적어서 그릇을 만들기에 가장 적합하다는 사실을 밝혀냈습니다. 하지만 갑작스러운 사망으로 뜻을 이루지 못하게 됩니다.

뒤를 이은 스포드 2세는 아버지의 숙원을 이루기 위해 밤낮으로 연구에 매진했습니다. 그리고 그 전까지는 20% 정도 섞었던 뼈의 비율을 50%까지 증가시켜서 품질을 높여 가는 중에 실용적인 본차이나의 제조에 성공합니다. 새롭게 개발된 자기는 '파인 본차이나'라고 명명합니다. 점토 25%, 콘월 지방의 돌 25%, 그리고 소의 골회 50%를 넣어 만든 자기였습니다.

● 조사이어 웨지우드의 저택을 지은 건축가 픽포드(1734~1782)가 살았던 집 겸 사무실이었던 '픽포즈 하우스 박물관(Pickford's House Museum)'. 조사이어가 살아 있던 시대의 티타임의 장면이 재현되어 있습니다.

● 신고전주의에 많이 그려진 포도 무늬 찻잔 (웨지우드 / 1891 ~ 1901년).

● 화관 모양의 무늬도 신고전주의의 대표적인 디자인이었습니다.
노란색 : 로열 돌턴 (1902~30년),
감색 : 로열 우스터 (1913년)

- 여러 타입의 신고전주의 찻잔. 중앙은 터키 블루/스포드 (1891~1900년), 오른쪽은 앤빌 양식/콜돈 (1925년), 왼쪽은 조개껍데기 무늬 / 웨지우드 (1891~1901년).

- 1903년에 미국 백악관으로부터 특별 주문을 받아 제작된 찻잔의 전신. 백악관은 1792년, 바로 신고전주의 건축이 최고로 유행했을 때 지어진 관저입니다 (웨지우드/1895~1902년).

- 18세기 후반, 서양 사교계의 중심 인물이었던 프랑스 왕비 마리 앙투아네트도 신고전주의를 사랑했습니다. 민턴 요업은 그녀를 생각하며 화관 무늬를 많이 사용한 '앙투아네트'를 제작했습니다 (민턴/1951~55년).

완성한 이 자기의 소문을 우연히 들은 황태자(조지 4세)는 1799년, 친히 스포드 공장을 방문해서 본차이나를 시찰합니다. 자기는 황태자의 마음에 들어 왕실에서 바로 사용되기에 이릅니다. 이후 1806년 황태자는 스포드의 본차이나를 '왕실의 자기'로 지정합니다. 초기 무렵의 본차이나는 역시 유행에 맞춘 여신, 포도, 담쟁이덩굴, 조개, 신화 등 신고전적인 소재들이 많이 그려져 있습니다.

 # 포틀랜드 항아리

● 포틀랜드 항아리의 밑부분.

● 대영박물관에 전시되어 있는 포틀랜드 항아리 진품. 기원전 14~27년경의 유리 항아리입니다.

● 웨지우드 요업에서 제작한 포틀랜드 항아리 (웨지우드/1890년).

고대 로만글라스의 최고 걸작

신고전주의에서 빼놓을 수 없는 자기인 '재스퍼웨어'를 발명한 조사이어 웨지우드는 그리스와 로마의 유물 화집을 간행한 윌리엄 해밀턴 경이 주최하는 모임에도 참여했습니다. 이곳에서 그는 지식인, 교양인과의 교류를 통해 고대 미술의 인식을 굳혀갔습니다. 그런 조사이어가 만년에 '포틀랜드 항아리'라는 작품에 마음을 빼앗깁니다.

포틀랜드 항아리는 아우구스투스 황제 시대의 초기, 유리 공예의 중심지 알렉산드리아에서 기술을 배운 명인이 로마로 건너와 제작했다고 전해지며, 고대 로만글라스의 최고 걸작이라고 일컬어집니다. 고대 그리스 신화의 '페레우스'와 '바다의 여신 테티스'의 이야기가 진한 남색 바탕에 유백색의 불투명 유리를 돋을새김으로 조각하여 붙여 놓았습니다.

● 포틀랜드 항아리를 들고 있는 조사이어 웨지우드의 상은 그가 즐겨 만들었던 검은 재스퍼웨어로 만들어졌습니다 (웨지우드/1974년).

웨지우드 요업 로고 디자인의 한 부분이 되다

조사이어는 '포틀랜드 항아리를 재스퍼웨어로 재현하고 싶다' 하여 1786년, 포틀랜드 항아리를 1년간 대여할 기회를 얻었습니다. 유럽의 많은 명사들은 완성도 되기 전부터 미리 구매를 신청했습니다. 재스퍼웨어를 만들기 위해서는 새로운 빛깔을 내거나 흰 부조를 붙이거나 유리의 질감을 연구하는 등 조사이어의 상상을 훨씬 초월할 정도로 험난한 작업이 이어졌습니다. 이로 인해 정신적, 육체적으로 기력이 소진한 조사이어는 런던의 의사에게 실려 갔다고 합니다. 의사는 바로 휴양을 장기적으로 취할 것을 권했지만 그는 자기 인생의 앞날을 생각해서 포틀랜드 항아리를 완성할 때까지는 쉴 수 없다고 거절했습니다.

1790년 조사이어는 검정과 흰색을 사용한 재스퍼웨어로 구성된 첫 양산품을 완성시킵니다. 항아리의 비공식 관람회는 자사의 쇼룸에서 열려 예매권이 다 팔릴 정도로 주목을 받았습니다. 당시 조사이어의 나이는 60세였습니다. 그의 연구심과 탐구심은 회사의 이념으로 깊이 새겨져 현재의 웨지우드 요업의 로고 한켠에는 '포틀랜드 항아리'가 그려져 있습니다. 조사이어의 고향 스토크온트렌트(Stoke on Trent)역 앞에도 항아리를 한 손에 들고 있는 그의 동상이 세워져 있습니다. 진짜 포틀랜드 항아리와 웨지우드 요업의 포틀랜드 항아리는 대영박물관게 전시되어 있습니다. 기회가 있으면 꼭 관람해 보시길 바랍니다.

● 현재에도 웨지우드 요업의 상표에는 W 안에 '포틀랜드 항아리' 그림이 담겨 있습니다. 조사이어의 창작 정신이 현재도 계승되고 있음을 알 수 있습니다.

1582년에 고대 로마 황제의 묘지에서 발견된 이래 이 항아리는 많은 사람들의 손을 거치다가 1783년 해밀턴 경이 구입함에 따라 영국으로 건너오게 됩니다. 그 후 포틀랜드 공작 부인에게로 소유권이 옮겨 가면서 부인의 이름을 따 '포틀랜드 항아리'라고 불리게 됩니다. 신고전주의가 크게 유행한 영국에서는 '포틀랜드 항아리'를 모르는 교양인은 없다는 말이 있을 만큼 유명한 항아리가 되었습니다.

 ## 모트(Mote) 스푼

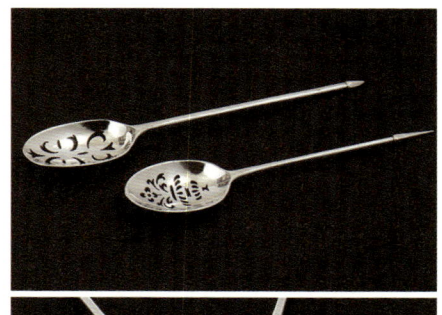

(위) 은제 다기 중 희소가치가 높은 모트 스푼은 홍차를 좋아하는 사람이 동경하는 물건입니다 (18세기 후반).

(아래) 하나하나를 주문 제작하는 시대에 만들어진 모트 스푼은 각각의 디자인이 모두 다른 것이 매력입니다.

모트 스푼은 1697년경부터 티타임용으로 사용되기 시작한 특별한 스푼입니다. 은으로 된 다기로는 매우 오래된 것입니다. 이 모트 스푼은 떠올린 찻잎 중, 분말 상태의 차를 수저에 있는 구멍으로 떨어뜨릴 수 있게 만들어졌습니다. 찻물을 따라 낸 후에는 수저 뒤편에 있는 뾰족한 부분으로 찻주전자 주둥이를 막은 찻잎을 제거하고, 마지막으로 잔에 따라 놓은 차에서 찌꺼기를 제거하기 위해서 사용되었습니다. 이를테면 차를 거르는 초기의 거름망인 셈입니다. 모트 스푼은 하노버 왕조까지만 제작되었기 때문에 앤티크 다기 중에서도 희소가치가 높습니다. 또 하나하나가 다르게 세공되어 있어, 수집가들에게 인기가 많은 다기입니다.

로버트 애덤의 컨트리 하우스

● 로버트 애덤의 건축인 '케들스톤홀'. 당초에는 정원 부분만 의뢰를 받았지만 설계도를 본 공작의 마음에 들어 성 전체의 디자인도 맡았습니다.

영국의 수많은 컨트리 하우스 중에서도 인기가 가장 높은 것은 건축가 로버트 애덤의 건축물입니다. 그중에 하나인 '케들스톤홀'은 '애덤 스타일'의 첫 작품으로 그랜드 투어 이후 가장 먼저 건축되었습니다. 하노버 왕조 사교계의 꽃으로 주목을 받았던 드본셔의 공작 부인 조지애나의 생애를 그린 영화 『공작부인 : 세기의 스캔들』(2008)의 촬영지로도 사용되었습니다. 조지애나는 티가든의 단골이기도 해서 그녀의 패션과 거동은 선망의 대상이었습니다. '사이언하우스', '오스터레이파크하우스', '켄우드하우스'도 애덤의 작품입니다. 한 발 들여놓으면 신고전주의의 아름다운 공간이 펼쳐집니다. 이와 같은 공간이 있었기 때문에 웨지우드의 재스퍼웨어는 유행할 수 있었습니다. 여신이 그려진 아름다운 찻잔으로 차를 마시는 귀부인의 모습을 우리는 쉽게 상상할 수 있습니다.

● 드본셔 공작 부인인 조지애나의 티타임. 사교계의 중심 인물이었던 조지애나의 취향과 기호는 많은 여성에게 영향을 주었습니다 (Cockspur Street/1813년 6월 4일).

차의 박물지

18세기 영국에서는 '국민의 필수품'이라고 불릴 만큼 차의 인기가 매우 높아 그 효능에 대해 적혀 있는 서적도 출판되었습니다. 식물학자이며 의사이기도 했던 존 코클리 렛섬(John Coakley Lettsom)이 1772년에 출판한 『차의 박물지』도 그중 하나입니다. 그는 차라고 하는 식물 자체와 차를 마시는 것에 관한 과학적 실험의 성과, 임상 의학적 관점에서 본 차의 정체에 접근했습니다. 더욱이 차가 저소득층의 경제에 미치는 영향도 연구하여 차를 마시는 일이 영국의 식생활 개선에 커다

● 신고전주의로 통일된 실내 장식은 애덤 스타일로 인식되었습니다.

● 케들스톤홀의 벽난로에는 웨지우드 요업의 재스퍼웨어가 끼워져 있습니다. 애덤과 조사이어는 서로 알지 못했지만 건축업계와 도자기업계에서 활약하면서 서로의 작품에 영향을 받았음은 틀림없습니다.

란 공헌을 했다는 결론을 도출했습니다. 『차의 박물지』는 출간 후 곧바로 독일어와 프랑스어로도 번역되어 유럽에서 차를 마시는 문화가 본격적으로 보급되는 데에 큰 공헌을 했습니다.

● '차 박물관' 안에도 카멜리아 시넨시스(차나무의 정식 학명)의 식물화 작품이 소장되어 있습니다 (1883년).

제3장

블루 & 화이트의 유행

서양인이 '상상한' 중국의 차 마시는 풍경

조지 3세의 황태자(조지 4세)가 섭정을 했던 19세기 초. 황태자가 선호했던 이마리 양식이 상류층 사람들 사이에서 큰 인기를 끌었습니다. 노동자 계층의 가정에는 산업혁명에 의해 보다 싼 가격의 자기 찻잔이 유통되면서 블루 & 화이트 색상의 유행이 일었습니다.

프린스 리젠트(prince regent)의 등장

프린스 리젠트(prince regent)란 '섭정 황태자'를 뜻하며, 당대의 황태자였던 조지 4세를 지칭합니다. 그는 정신 질환에 걸린 아버지 조지 3세를 대신하여 1811년부터 1820년까지 섭정을 했습니다. 시골의 삶을 사랑한 아버지 조지 3세와 다정한 성품의 어머니 샬럿 왕비의 애정을 받고 자랐음에도 불구하고 양친과는 정반대의 성격을 가져 안타깝게도 그는 부모와의 사이가 좋지 않았습니다. 사치스러운 황태자의 빚은 연간 왕실 예산의 반 이상을 차지했는데, 이 때문에 황태자는 빚을 갚아 주는 조건으로 캐럴라인과 백년가약을 맺게 됩니다. 하지만 사이가 좋지 않았던 그들은 서로 보란 듯이 애인을 데리고 다녔습니다. 조지 3세의 정신 질환은 황태자로 인한 것이었다는 이야기도 이 때문이라는 설도 있습니다.

● 후일, 섭정 황태자라는 이름으로 알려진 조지 4세.

이 시대에는 해수욕이 유행했습니다. 의사 리처드 러셀이 해수욕에 대한 책을 출판하고, 소금물과 염분을 포함한 공기가 건강에 대단히 좋다고 서술함에 따라 해변이 주목을 받게 되었습니다. 그 전까지는 휴양지라고 하면 배스(Bath)의 온천이 유명했지만, 아버지에 반발한 황태자는 브라이튼(Brighton)이라는 해변 마을을 즐겨 찾았습니다. 황태자에게 빌붙으려고 하는 많은 귀족들도 배스를 떠나 브라이튼으로 모여들게 되면서 브라이튼은 19세기를 대표하는 휴양지로 발전했습니다.

황태자는 자신의 재산을 쏟아 브라이튼에 자신만의 성을 건설하기 위해 농가를 리모델링합니다. 이윽고 1808년, 인도와 중근동 문화에 영향을 받은 궁전 '로열 파빌리온'이 건설됩니다. 로열 파빌리온은 위풍당당한 인도식 외관과 시누아즈리라는 중국식 내부 장식으로 보는 사람에게 강렬한

● 인도와 중동에서 영향을 받은 '로열 파빌리온'은 조지 4세에게 이상과도 같은 성이었습니다.

● 로열 파빌리온의 판케트룸의 벽면에는 중국인이 많이 그려져 있습니다.

인상을 주었습니다. 내부 장식에는 황태자가 직접 관여했다고 하며, 완성되었을 때에는 그 아름다움에 눈물을 흘렸다고 전해집니다.

중국을 한 번도 방문한 적이 없었던 황태자가 독특한 미의식으로 만들어낸 개성 있는 궁전은 많은 격찬을 받게 됩니다.

그러나 이 별궁에서의 이루어지는 황태자의 방만한 생활에 국민들은 질려버립니다. 황태자는 아침에는 승마를, 오후에는 크리켓을 했다가 애인들과 밀회를 즐기고, 밤에는 도박과 음악회, 무도회, 호화로운 만찬회를 부왕의 시대와는 비교가 되지 않을 정도로 빈번하게 열었습니다. 또한 먹는 것을 좋아하여 나폴레옹이 고용했던 인기 요리사를 프랑스에서 초빙하여 호화로운 디저트 '피에스 몽테'를 티타임에서 몇 번이나 내어 놓기도 했습니다. 지금도 로열 파빌리온을 방문하면, 쾌락과 사치가 극에 달했던 황태자의 생활과 허영심을 확인할 수 있습니다.

● 로열 파빌리온의 판케트룸에는 이마리 양식의 식기가 아름답게 장식되어 있습니다.

황태자가 사랑한 '이마리'가 유행하다

도자기에도 높은 관심이 있던 황태자는 당시 본차이나를 연구하던 스포드 요업을 시찰하고 국왕에 즉위하자 바로 왕실 전속 상인의 자격을 부여합니다. 시누아즈리(중국품)에 빠져 있던 황태자가 일본 이마리야키(伊万里燒)의 금란수를 각별히 좋아하자, 다른 많은 요업체들도 이마리야키를 흉내 낸 '이마리 양식'을 제작했습니다.

금란수란 도자기 제조법의 하나로, 도자기에 그린 무늬와 염색해서 모양을 낸 빛깔 무늬에 금박 혹은 금가루를 입힌 금채색 자기를 말합니다. 중국 명나라 시대에 경덕진에서 작풍이 완성되었고, 그것을 모방한 것이 일본의 이마리야키인데, 이를 황태자가 좋아했던 것입니다.

일본에서는 에도 시대의 겐로쿠기(1688~1704) 무렵에 크게 유행합니다. 짙은 색의 바탕에 빨간색과 금색의 채료로 꽃문양 등을 그릇 표면 가득히 화려하게 그려 넣은 금란수 식기는 경제적으로 풍요로웠던 겐로쿠 시대의 기풍을 반영한 것으로 알려져 있습니다. 금란수 그릇은 전체적으로 장식 효과가 높아서 일본뿐만이 아니라 유럽의 궁전 장식으로 사랑을 받았습니다. 현재에도 유럽 각지의 궁전에는 대형 항아리 등의 많은 작품이 남아 있습니다.

1775년에 발표된 더비(Derby) 요업의 이마리는 높은 평가를 받아, 조지 3세로부터 '크라운'이라는 칭호를 얻습니다. 이후 더비 요업은 '크라운 더비 요업'이라고 개명합니다. 또 이마리는 황태자 역시 좋아하여, 황태자의 티타임에서도 애용되었다고 합니다. 그로 인해 크라운 더비 요업의 '이마리'는 마이센 요업의 '가키에몬 사본'과 함께 대표적인 일본식 자기로 인식되었습니다. 그 후 영국에서는 금란수의 찻잔이 대량으로 구워졌습니다. 낭비로 인해 많은 비판을 받은 황태자였지만, 그의 높은 미의식으로 인해 찻잔의 역사가 화려하게 장식되었다고 할 수 있습니다.

● 조지 4세가 사랑한 이마리 양식의 찻잔 (로열 크라운 더비 / 1863~66년).

● 18세기 초기의 스포드 요업의 이마리 양식. 찻잔 안에 있는 꽃문양을 보면 섬세한 작업을 고집했음을 볼 수 있습니다 (스포드/1800~30년).

● 이마리 양식에 영향을 받은 시누아즈리 무늬의 찻잔. 금란수를 복제한 데에서 유래한 이마리는 그 후 페르시아의 사라사 문양 등이 뒤섞이면서 점차 원본과 달라졌습니다. 각 나라의 문화를 뒤섞어서 독자적인 양식을 만드는 것은 영국인의 특기였습니다 (업체 불명/1840년대).

● 중앙에서 반시계 방향으로 웨지우드/1878~91년, 로열 크라운 더비/1932년, 로열 앨버트/1925~27년, 업체 불명, 로열 앨버트/1934년. 이마리 양식은 지금도 꾸준한 인기를 얻고 있습니다.

블루 & 화이트의 유행

이 시대에 이마리 외에도 인기가 있었던 찻잔을 소개합니다. 먼저 1816년에 스포드(Spode) 요업이 발표한 '블루 이탈리안'의 티세트는 백자에 동판 전사를 입히는 기술(스포드 요업이 개발)로 만들어졌습니다.

블루 이탈리안 문양의 원화는 네덜란드의 화가인 프레데릭 모헤론의 그림입니다. 1600년대 후반의 로마 근교의 풍경을 주제로 로마 건축물과 수도교, 소가 물을 끼얹는 모습과 풀을 베는 남녀가 그려져 있습니다. 스포드 요업은 그런 로마를 배경으로 접시의 가장자리에 황태자가 좋아하는 이마리 장식을 둘렀습니다. 푸른색의 농담만으로 표현된 소박한 아름다움은 일반 가정의 소박한 인테리어에 매우 잘 어울렸기 때문에 노동자 계층의 가정에서 폭넓게 사용되는 스테디셀러 상품이 됩니다.

● 블루 & 화이트의 대표적인 무늬로 현재에도 높은 인기를 자랑하는 블루 이탈리안 (스포드/1990년).

1780년경 제작하기 시작한 제품으로, 중국의 풍경을 그린 '윌로 양식'도 스테디셀러가 되었습니다. 이 디자인은 스포드뿐만이 아니라 다른 요업도 유사 상품을 많이 만들어 냈습니다. 윌로 양식은 중국에서 유래된 것으로 큰 소나무, 버드나무, 두 마리의 새, 울타리, 누각, 다리, 작은 배 등과 같이 전형적인 중국 산수화를 통해 영국인은 이국적인 정취를 느낄 수 있었습니다. 초기 무렵엔 그려지는 소재가 요업체에 따라 조금 달랐지만, 19세기에 들어서면 어느 정도 통일되어 갑니다.

이 양식을 완성시킨 것은 1793년에 민턴(Minton) 요업을 창설한 토머스 민턴(1765~1836)이라고 전해집니다. 원래 동판 기사에서 출발했던 토머스는 창업 당시, 스포드 요업과 웨지우드 요업의 하청을 받아 일하고 있었기 때문에 인기 양식을 잘 알고 있었습니다.

차의 자유무역이 시작되다

동판 전사의 티세트가 염가로 보급되어 노동자 계층도 가정에서 가볍게 차를 즐길 수 있게 된 섭정 시대에는 차 상인들도 국민에게 보다 싸게 차를 제공하기 위한 노력을 시작했습니다. 18세기 말의 차의 관세 문제 이후 차 업자들은 동인도 회사가 차의 무역을 독점하고 있는 데에 반발하였습니다. 19세기가 되면서 그 목소리는 더 커져서 1813년에는 인도 무역이 자유화되고, 1833년에는 중국 무역도 자유화되었습니다.

독점무역의 해금일, 리버풀과 브리스톨, 글래스코 등의 영국의 지방 항구에서는 많은 배들이 일확천금을 꿈꾸며 중국을 향해 출발했습니다. 중국 차를 다루는 회사도 런던과 지방에 계속해서 개업했습니다. 그럼에도 차는 원활하게 공급되지 않았습니다.

앞에서도 언급했듯이 중국의 청 왕조는 1770년대부터 영국에 대한 제한 무역을 진행하고 있었습니다. 영국에 개방된 무역항은 '광저우' 단 한 곳이었는데, 그곳에서도 중국 정부가 인정한 상인만 거래를 할 수 있었습니다. 또한 광저우에서 머무를 수 있는 기간은 불과 4개월이었으며, 거주지도 지정되어 있어 영국인은 어쩔 수 없이 불편함을 견내해야 했습니다.

또 당시 영국이 중국에서 사들인 물건은 주로 차와 도자기, 비단이라는 고가의 물건이었던 것에 반해 중국이 수입한 것은 영국산 모직물, 시계, 완구, 인도산 면화 같은 값싼 물건들로 양국의 무역수지의 균형이 맞지 않았습니다. 영국 정부는 대폭적인 무역 적자에 골머리를 앓고 있었습니다.

영국은 중국 정부에 '자유무역의 권리'와 '무역항의 확대'를 요구합니다. 하지만 거절당하고, 그 뒤에 외교관을 중국에 파견했음에도 또다시 거부당합니다. '조정의 산물은 풍부해서 특별할 것도 없는 외국 산물은 우리에게 필수품이 아니다. 하지만 중국에서 생산하는 차, 도자기, 비단 등은 서양 각국의 필수품이므로, 특별히 광저우에 무역을 허용하고 조정의 음덕을 받게 하는 것'이 중국의 입장이었습니다. 그래도 재차 사절을 중국에 파견

- 동판 전사는 조각, 인자(印字), 전사의 3단계를 거쳐서 제작됩니다. 가장 먼저, 납을 씌운 동판에 새김칼로 무늬를 새기고 산으로 부식시킵니다. 도안의 농담(濃淡)은 사선으로 표현하는 것이 특징입니다. 다음으로 전용지에 인쇄합니다.
  인쇄 시에는 도자기 전용 물감을 사용합니다. 마지막으로 전사입니다. 초벌구이한 식기에 인쇄한 종이를 대고 물기를 머금게 한 뒤 가볍게 문질러 식기에 종이를 붙입니다. 그 후 종이를 벗겨 내고 일반적으로 식기를 굽는 것처럼 고열에서 구워 도안을 완전히 식기에 새깁니다.

● 소박한 윌로 양식의 찻잔은 왕족과 귀족의 성에서만이 아니라 현대의 서민적인 티룸에서도 즐길 수 있습니다.

● 민턴 요업의 윌로 양식은 현재 골동품 시장에서도 인기 있는 작품입니다 (민턴/1920년).

● 비교적 저렴하게 구입할 수 있는 블루&화이트의 식기는 일상 식기로 많이 활용되었습니다.

했지만 이번에는 황제를 알현하는 것조차 허용되지 않고 쫓겨나는 결과에 이르게 됩니다.

그러나 이대로 물러설 수는 없었습니다. 영국은 무역 적자를 해소하기 위해 인도산 아편을 중국에 밀수출하고, 그 판매 대금 대신 차를 수입하는 무역을 시작합니다. 아편은 양귀비의 열매에서 얻을 수 있는 마약의 일종으로 흡음하면 도취감, 최고의 행복감을 느낄 수 있습니다. 그러나 상용하면 중독증세를 일으켜서 정신과 육체에 문제를 일으키는 무서운 마약이었습니다. 영국을 통해 들어오게 된 아편은 위로는 고급관료에서 밑으로는 일개 병사에 이르기까지 사회 각층에 폭넓게 퍼져 갔습니다. 그에 따라 중국의 아편 수입량은 비약적으로 늘어나게 됩니다. 점차 아편을 수입하는 데 차와 비단만으로는 모자라게 되면서, 1820년대에는 무역 수지가 역전됩니다. 덕분에 영국의 경제는 회복되어 국민의 생활은 향상되어 갔습니다.

식민지 인도에서 차나무의 재배가 시작되다

이 아편 무역이라는 비도덕적인 상업에는 의문의 목소리도 있었습니다. 1828년에 인도 총독에 임명된 윌리엄 벤팅크 경은 영국의 차 수요가 현저하게 증가한 것과는 달리 아편으로 인해 중국과의 관계가 막다른 상태에 다다른 것을 염려했습니다. 그래서 그는 앞으로도 계속해서 차를 즐기기 위해서는 '직접 재배'를 하는 것에 주목해야 하고, 그러기 위해서는 노동 임금이 싼 식민지 인도에서 본격적으로 차나무의 재배에 나서는 것이 중요하다고 생각했습니다. 그래서 그들은 전문가를 모아 '다업위원회'를 설립했습니다.

동인도 회사의 사원으로 식물 연구가이기도 했던 로버트 알렉산더 브루스 소령은 1823년 교역 확대를 위해 영국령인 동쪽 국경을 넘어가게 됩니다. 그가 원정을 간 곳은 '아삼'이었습니다. 로버트는 아삼에 체재하던 중

현지인이 안내해 준 어떤 언덕에서 차나무를 발견하게 됩니다. 다음 해에는 그 차나무와 종자를 손에 넣어 식물학자에게 감정을 의뢰했습니다. 애석하게도 식물학자는 그 차나무와 종자가 '동백나무'라고 결론을 내립니다. 로버트는 그로부터 1년 후 병으로 사망하게 됩니다.

로버트에게 많은 것을 기대했던 다업위원회는 인도에서 새로운 종자를 찾아내는 것을 포기하기에 이릅니다. 대신 중국에서 묘목을 밀수입하고 중국인에게 재배와 제조 기술을 극비로 배우기 시작했습니다. 따라서 영국은 밀명으로 '식물 채집가(Plant Hunter)'를 중국에 파견합니다. 1834년, 인도의 식물원에서는 차의 종자로 키워 낸 4200그루의 묘목을 인도 각지에 보내 실험적으로 재배합니다. 하지만 연약한 묘목을 장거리 이동시키는 것에서부터, 품종에 따른 생육 지역의 차이, 기술자 부재 등의 문제가 겹치면서 인도에서 차나무의 재배는 바로 난관에 부딪쳤습니다. 그러면서 차나무의 재배 연구는 빅토리아 왕조로 넘어가게 됩니다.

윌로 양식

● 중앙 : 스포드/1805~33년, 왼쪽 : 스테퍼드셔/1810~20년, 오른쪽 : 민턴/1920년

버드나무 문양의 식기가 가정에 보급되면서 이 문양에 얽힌 슬픈 사랑 이야기가 전해집니다. 다양한 이야기 중, 1849년에 영국의 잡지에 게재된 것을 소개합니다.

슬픈 사랑 이야기

옛날에 중국에 거대한 권력과 부를 과시했던 세금 관리가 있었습니다. 관리에게는 쿤시라는 딸이 있었습니다. 쿤시는 아버지의 부하인 창과 서로 사랑했지만 신분이 다르다는 사실은 걸림돌이 되었습니다. 그래서 쿤시는 아버지에게는 비밀로 하고, 시녀를 통해 창과 만남을 이어 갑니다. 하지만 곧 두 사람 사이는 아버지에게 알려지게 됩니다. 그녀의 아버지는 시녀를 내치고 쿤시와 창이 만나지 못하도록 저택 주변에 높은 담을 세웁니다. 게다가 강에 별당을 만들어 쿤시를 완전히 가두어 놓습니다.

그리고 쿤시의 아버지는 높은 지위를 가진 50대의 대공에게 쿤시를 시집보내려고 합니다. 절망하던 쿤시는 어느 날 강에서 떠내려 온 작은 배를 발견합니다. 댓잎으로 만든 배였습니다. 그 배에는 창에게서 온 편지가 담겨 있었습니다. '버드나무 꽃이 지고 복숭아 꽃봉오리가 피면 당신을 친애하는 저는 연꽃과 함께 수심이 깊어 가겠지요.' 이에 쿤시는 답장을 배에 실어 보냅니다. '제 마음은 조금도 변하지 않습니다. 절 여

기에서 구해 주세요.'
그렇게 시간이 흐른 어느 날 아침, 쿤시의 아버지는 들뜬 기분으로 그녀의 방에 찾아옵니다. '복숭아 꽃이 피었구나. 대공 각하가 너에게 보내 주신 선물이란다.' 아버지는 보석으로 가득한 상자를 손에 들고 있었습니다.
결혼식 당일, 쿤시의 아버지는 호화롭게 대공을 맞이합니다. 그 자리를 축하하는 술잔은 몇 번이나 거듭되어 저택은 축연으로 달아올랐습니다. 그렇게 떠들썩한 와중에 한 젊은이가 저택에 몰래 들어왔습니다. 창이었습니다. 창과 만난 쿤시는 대공에게 받은 귀한 보석을 창에게 건네줍니다.
술을 너무 많이 마신 쿤시의 아버지와 대공은 꾸벅꾸벅 졸고 있었습니다. 그 틈에 창과 쿤시는 살금살금 빠져나와 큰 버드나무 기슭까지 도망쳤습니다. 하지만 그곳에서 그만 발각되어 버립니다. 신부가 도망을 갔다는 사실에 화가 난 대공은 격노하여 창을 보석 도둑으로 사형시킬 계획을 세웁니다.

었지만, 이 책의 이야기가 대공의 귀에까지 들어가게 되면서 그들이 있는 장소가 발각되어 버립니다.
대공은 군사를 이끌고 창과 쿤시가 사는 섬으로 향했습니다. 이를 막기 위해 창을 따르는 섬사람들은 용감하게 싸웠지만 창은 결국 대공의 군사가 던진 창에 찔려 쿤시가 보는 앞에서 목숨을 잃고 맙니다. 절망한 쿤시는 저택에 불을 지르고 화염 속에 몸을 던집니다. 두 사람의 슬픈 사랑을 가엾게 여긴 신은 두 사람을 새로 다시 태어나게 해 줍니다. 새가 된 두 사람은 둘이 꼭 붙어서 저 먼 곳으로 날아갔습니다.

한 장의 접시에서 시작된 상상의 세계가 넓게 펼쳐집니다. 이는 티타임이 단지 차를 마시는 것에서 그치는 것이 아니라 그릇을 쓰다듬거나 알지 못하는 이국땅으로 상상의 나래를 펼치는 소중한 시간이었다는 것을 말해 주고 있습니다.

한 장의 접시에서 퍼진 상상의 세계

도망친 두 사람은 예전 쿤시의 시녀 집에서 몰래 결혼식을 올립니다. 그러나 여기에도 추격자의 손이 뻗칩니다. 시녀의 집에서도 도망쳐 나온 두 사람은 작은 배를 타고 작은 섬에 도착합니다. 도망칠 때 가지고 온 보석을 돈으로 바꾼 두 사람은 강 가운데의 모래톱을 사들여 토지를 경작하며 조용하게 살아가기 시작합니다. 하지만 그들 주변의 농민들은 몹시 가난해서, 자연 재해가 닥치면 기아에 허덕이다 죽어 가는 사람이 생길 만큼 혹독한 생활을 하고 있었습니다. 그런 상황을 지켜보던 창은 농업 지도서를 한 권 저술하게 됩니다. 그 덕분에 수많은 농부가 목숨을 건질 수 있

● 이야기 속에 등장하는 소재를 하나하나 찾아보세요. 여러분이 라면 어떤 이야기가 탄생되었을까요?

그레이 백작이 사랑한 '얼그레이'

22세에 의원으로 선출

1830년, 자손을 남기지 않은 조지 4세의 뒤를 이어 동생 윌리엄 4세가 왕위에 올랐습니다. 윌리엄 4세는 검소한 생활을 하는 소탈한 인물이었기 때문에 선왕의 화려함에 익숙해져 있던 귀족들에게 관심의 대상이 되지 못했습니다. 하지만 그 시대에는 아직까지도 인기가 많은 감귤계 향차 '얼그레이'의 주인공, 그레이 백작이 등장합니다.

찰스 그레이(1764~1845)는 22세에 의원으로 선출된 엘리트로 사교계의 스타였습니다. 그는 자신이 소속된 호익당의 강력한 지지자, 드본셔 공작 부인과의 사이에서 사생아를 낳는 등 그 품행도 많은 주목을 받습니다. 하지만 공작 부인과는 아이 출생을 기점으로 헤어지고, 후일 정식으로 아내를 맞이합니다.

1807년에 아버지가 돌아가시자, 작위를 이어받고 제2대 그레이 백작이 된 그는 해군 대신과 외무 대신을 거쳐서 66세에는 수상의 자리에 오르게 됩니다. 1933년에는 중국차의 자유무역을 인정하고 차의 저가격화에 공헌했습니다.

그레이 백작에게 헌상

얼그레이는 그레이 백작이 외무 대신을 하고 있을 무

● 얼그레이를 사랑했던 찰스 그레이 백작 (1844년).

● 얼그레이를 맨 처음에 만들어 낸 회사는 알려지지 않았지만 당시 그레이 백작과 친분 관계가 있었던 트와이닝사가 그 시초라는 설이 유력합니다. 트와이닝사의 얼그레이 홍차관에는 6대 그레이 백작으로부터 온 '그레이가의 사람들은 트와이닝사의 얼그레이를 즐겨 마십니다.'라는 편지가 소장되어 있습니다.

렵에 탄생했다고 전해집니다. 영국에서 중국으로 파견된 외교사절단이 가지고 돌아온 이 차는 차 애호가였던 그레이 백작에게 헌상되었습니다. 백작이 각별히 즐겨 마셨다는 것을 이유로 '얼그레이*'라고 불리게 되었다는 이야기가 전해지고는 있지만, 그와 함께 다양한 설이 전해지고 있어 정확하지는 않습니다. 단지 당시 우이차(Bohea tea)에 고가였던 레몬과 오렌지를 띄우는 차 스타일이 러시아 궁정 등에서 유행하고 있던 것을 감안했을 때, 중국차에 감귤류를 섞는 것은 상류층이 좋아하는 블렌딩이었을 것입니다.

이와 관련해서 지금은 '얼그레이=홍차'라고 생각하는 사람이 많지만 이 시대에는 아직 완전한 산화차인 홍차는 탄생하지 않았기 때문에 녹차와 우이차로 만들었습니다. 그래서 서양에서는 지금도 녹차 얼그레이를 좋아합니다. 당시의 얼그레이는 과일의 껍질과 차를 섞어서 향기를 내었을 것으로 추정되지만, 현재는 정유를 사용한 착향 방법이 주를 이루고 있습니다. 이 같은 방법은 20세기에 정유의 추출 기술이 향상되면서부터 도입되었습니다.

* 얼(Earl)은 '백작'이라는 뜻을 가지고 있으므로, 얼그레이(Earl Grey)란 '그레이 백작'을 의미한다.

제4장

상류층의 애프터눈 티

빅토리아 왕조를 연상해서 만든
찻잔으로 즐기는 우아한 한때

18세로 즉위한 젊디젊은 빅토리아 여왕 대에 산업혁명이 일어나면서 왕조는 융성하기 시작합니다. 애프터눈 티가 유행하기 시작했고, 화려하고 여성스러우면서 사치스러운 찻잔이 차례로 만들어집니다.

빅토리아 여왕의 즉위와 결혼

빅토리아 여왕(1819~1901)은 조지 3세의 4남인 켄트 공작의 외동딸로 태어났습니다. 하지만 켄트 공작(1767~1820)은 빅토리아가 태어나고 겨우 8개월 후 폐렴으로 이 세상을 떠납니다. 이후 자녀가 없었던 윌리엄 4세(1765~1837)는 동생 켄트 공작의 딸인 빅토리아를 계승자로 임명합니다.

● 성인이 되는 18세에 즉위한 빅토리아 여왕의 대관식은 역사에 남은 화려한 대관식이었습니다 (1842년).

1837년 빅토리아 여왕은 18세의 나이로 왕위에 오르게 됩니다. 즉위 후 맨 처음으로 한 말은 "차를 마시고 싶으니까 가지고 오세요. 그리고 천천히 차를 마실 시간도"였다고 합니다. 차를 별로 즐기지 않는 독일인 어머니에게서 '차는 몸에 좋지 않으니 마시지 말라'고 교육을 받으며 자라는 바람에 차를 마시지 못했음에도 역시나 빅토리아 여왕다운 말이 아닐 수 없습니다. 젊은 여왕에게는 그 권력에 기대려는 추종자들이 모여들었습니다. 그

● 로열 로프를 두른 빅토리아 여왕 (출처 불명).

녀의 어머니도 그런 사람 중 한 사람이었습니다. 자신의 영향이 닿는 사람을 사위로 삼기 위해 그녀의 어머니는 독일의 사촌 동생 앨버트 왕자를 빅토리아 여왕에게 소개했습니다. 그리고 빅토리아 여왕은 어머니가 의도한 대로 앨버트 왕자와 사랑에 빠지게 되었고, 연정을 담아 '당신의 모습은 눈부시고 꾸밈없는 태도는 굉장히 매력적'이라는 편지를 쓰기도 했습니다. 여왕이 구혼한(지위가 낮은 앨버트는 구혼할 수가 없었다) 다음 해인 1840년 두

● 빅토리아 여왕이 결혼 기념으로 구입한 민턴 요업의 이국적인 새 문양. 여왕은 빨간색 찻잔을, 에드워드 7세는 파란색 찻잔을 주문합니다. 하얀 에나멜을 섬세하게 덧칠하는 페이트 슈르 페이트(PATE-SUR-PATE)라는 기법은 민턴 요업의 주특기였습니다 (민턴/재현품).

사람의 결혼식이 세인트 제임스 궁전에서 거행되었습니다. 국민이 기대했던 로열 커플이 탄생한 것입니다.

당시 왕족의 결혼이라고 하면 종교가 같은 왕가들 간의 결합이거나 외교상 정략적으로 결정되는 것이 보통이었기 때문에 이와 같이 연애 결혼을 한 왕족은 전례가 없었습니다. 국민은 아름답고 젊은 커플에게 밝은 미래를 기대했습니다.

● 빅토리아 여왕과 앨버트 공의 결혼식. 현대 왕실 결혼식의 기반이 되는 순백의 웨딩드레스를 입었습니다 (1897년).

결혼한 그해, 빅토리아는 시찰로 방문한 민턴 요업에서 결혼 기념으로 특별한 식기-티포트, 찻잔과 잔 받침, 크리머(Creamer), 설탕 캐니스터 쟁반-를 주문합니다. 남편과 둘이서 사용할 티세트였습니다. 선명한 선홍색 위에 오래전부터 중국 자기에 그려 왔던 새 무늬를 새기고 주위를 금박 장식으로 두른 훌륭한 티세트에 여왕은 크게 만족했습니다. 그래서 여왕은 민턴을 '세계에서 가장 아름다운 본차이나'라고 칭찬합니다. 이 식기는 '이그조틱 버드(Exotic Bird)'라고 칭해진 이래로 현재까지 민턴 요업의 최고급품 중 하나로 자리매김을 하였습니다.

앨버트 공은 어학, 문학, 예술, 건축, 무예 등 모든 면에서 뛰어난 인물로 영국의 정치와 문화를 신속하게 흡수하여 여왕의 좋은 조언자가 되어 줍니다. 부부 사이엔 강한 신뢰 관계가 쌓이게 되었고, 한 사람의 성인 여성으로 성장한 여왕은 어머니로부터 완전히 독립하게 됩니다.

무척이나 금슬이 좋았던 여왕과 앨버트 공은 20년간 9명의 자식을 두었습니다. 부부는 겨울에는 와이트 섬의 오즈번하우스에서, 여름에는 스코틀랜드의 발모럴성에서 지내며 가족과의 시간도 소중하게 여겼습니다. 화목한 가정을 꾸린 여왕은 그 자녀들 역시 사치스러운 삶을 살지 않도록 교육했습니다. 크리스마스에는 앨버트 공의 고향 독일에서 나무를 가져와 가족이 함께 성탄을 축하하고, 난로 앞에서 단란한 시간을 보내는 여왕 일가의 모범적인 모습은 국민에게 지지를 받았습니다.

● 빅토리아 여왕 (R. I. Lane, A. R. A 작품/1850년).

● 여왕 일가의 가정적인 행동은 국민의 좋은 본보기가 되었습니다.
(Alphonse Leon Noel 작품)

아삼(Assam)종이 인정받아 재배지가 확대되다

빅토리아 여왕의 즉위를 축하하는 분위기로 영국 전체가 들떠 있는 동안, 멀리 떨어진 인도에서는 묵묵히 차 재배를 향한 연구가 진행되고 있었습니다. 다업위원회에서는 계속해서 중국의 차나무 묘목과 씨앗을 인도로 가지고 와서 재배하기 위해 고심했습니다. 하지만 다른 방법을 찾아 연구를 진행하는 사람이 나타납니다. 앞에서 언급된 바 있는 로버트 알렉산더 브루스의 동생, 찰스 알렉산더 브루스였습니다.

죽은 형이 발견한 식물이 '동백나무'라는 것을 도저히 인정할 수 없었던 그는 그 나무를 이용한 차나무의 재배를 독자적으로 진행합니다. 이후 1836년에는 중국인 기술자의 협력을 얻어 중국식으로 제다한 녹차의 제조에 성공했습니다. 아삼 지방에서 발견된 차나무로 만든 이 녹차는 다업위원회에 전달됩니다. 오랫동안 이 신종을 동백나무라고 알고 있었던 식물학자들도 이 차를 실제로 확인한 뒤에는 차나무라고 인정하게 되었습니다. 그래서 1838년에 다업위원회는 로버트가 발견한 나무를 차나무의 신종인 '아삼종'으로 정식 발표합니다. 런던의 차 상인들은 아삼종의 탄생에 크게 흥분하였고, 아삼종은 첫 경매에서 높은 가격으로 판매되었습니다.

그때까지도 중국, 일본에서 재배되어 온 차나무 '중국종'을 열대 지역인 남아시아에서 재배하는 일은 쉽지 않았습니다. 그러나 '아삼종'은 남아시아에서도 재배가 가능했습니다. 또 겨울에 찻잎을 딸 수가 없었던 중국종과는 달리 아삼종은 일 년 내내 채엽이 가능했기 때문에 수확량에 있어서도 기대를 걸 수 있었습니다. 더욱이 아삼종은 차를 산화시킬 때 중요한 산화효소의 비율이 중국종보다 많았기 때문에, 찻잎을 더욱 손쉽게 산화시킬 수 있었습니다. 찻잎은 산화시킬수록 차의 색은 깊어지고 떫은맛이 났습니다. 아삼종은 우유와도 잘 어울렸기 때문에 영국인이 즐겨 마시게 되었고, 점차 유명해졌습니다. 하지만 그때까지도 '홍차'는 완성되지 않은 상태

● 인도의 아삼에 펼쳐진 차밭은 차양목에 둘러싸인 독특한 차 풍경으로 유명합니다.

● 아삼종의 원종에 가까운 잎. 사람 얼굴 크기의 찻잎은 중국에서 재배되고 있던 작은 잎의 차나무와는 너무도 달랐습니다.

였습니다. 심지어 홍차라는 명칭조차 존재하지 않았습니다.

이후 아삼종은 1853년에는 남인도의 닐기리에서 재배되었고, 1860년대 이후에는 이웃나라인 실론(현재의 스리랑카)과 인도네시아, 말레이시아 등의 동남아시아 지역으로 퍼져 나갔습니다. 로버트의 발견에 이어 형의 뜻을 이루어 낸 찰스의 강한 의지는 차 생산지의 확대에 큰 영향을 끼칩니다. 많은 투자자가 아삼의 찻잎 가공 사업에 적극적으로 참여하기 시작하면서 1839년에는 '아삼 컴퍼니'가 설립되어 다원 사업이 본격화되기 시작합니다. 아삼차는 '빅토리아 티', '제국 차'라는 이름으로 국민들의 식탁에 오르게 되었습니다.

다르질링(Darjeeling) 지방에서 재배가 시작되다

인도에서 아삼종의 발견이 인정된 다음 해(1839년), 중국 정부는 아편 밀수의 단속을 강화하기 시작합니다. 중국이 아편 시장을 포기하지 않으면 쇄국하겠다고 압박하자, 영국 의회에서는 무력 공격을 감행합니다. '이만큼 망신스러운 전쟁은 없다'고 반대하는 의원도 적지 않았지만, '자유무역'을 주장하는 찬성파에게 겨우 몇 표 차이로 가결되어 무력 공격이 결정됩니다.

1840년에 전투를 개시한 아편 전쟁은 2년 뒤 영국의 승리로 막을 내렸습니다. 전후에 맺어진 난징 조약으로 인해 중국은 관세 자유권을 상실하게 됩니다. 치외법권을 인정하는 등의 강제적 불평등 조약 체제의 기초가 확립되었던 것입니다. 이를 통해 영국은 동경해 마지않았던 차의 원산국 중국에 대해 우위적인 입장을 확보하게 됩니다.

아편 전쟁이 종결된 직후, 스파이 한 명이 동인도 회사의 밀명으로 중국에 파견됩니다. 스파이로 파견되었던 로버트 포춘(1812~1880)은 그 전에 이미 중국어 습득을 목적으로 해안 부근의 녹차 산지에 거주했던 적이 있는 사람이었습니다. 이후 1848년에는 외국인이 한 번도 발을 들여놓은 적이 없었던 우이차의 산지, 푸젠성의 우이산에 들어가 차나무를 가지고 나오는 데에 성공합니다. 포춘이 가지고 나온 우이산의 차는 현재 '우이암차'로 알려져 있는 우롱차에 적합한 차나무입니다. 그뿐만 아니라 포춘은 차가 잘 자라는 환경을 조사하기 위해서 우이산의 사암과 점토, 화강암 등에서 나온 암석과 토양을 채취하여 영국으로 가져갑니다.

그가 손에 넣었던 차의 묘목은 우이산과 기후가 비슷한 인도의 다르질링 지방에 심어져서 지금의 다르질링 차의 기원이 되었습니다. 드디어 영국인이 아삼종에 이어 인도에서 중국종을 재배하는 데에 성공한 것입니다. 이 소식은 중국종 차를 좋아했던 영국 상류층에게 크게 환영을 받았고, 다르질링 차는 차의 원조인 중국차와 함께 특별한 티타임에서 제공되었습니다. 1850년에 들어서면서 차를 손으로 비비는 작업도 기계화되어 차의 산화도는 점차 높아집니다. 그로 인해 현재의 홍차에 가까운 산화차가 등장하기 시작했습니다. 이렇게 만들어진 새로운 산화차는 '우유와 잘 어울린다'고 하여 영국인에게 많은 사랑을 받았습니다.

이후 이 차는 '홍차'라고 불리게 됩니다. 당시 중국에서는 찻잎의 색을 기준으로 '녹차', '백차', '흑차' 등으로 차를 분류했습니다. 기계화에 의해 새롭게 탄생한 이 찻잎은 검정에 가까웠지만 흑차가 이미 존재했던 탓에 찻물의 색인 '다홍색'에서 이름을 따와 '홍차'라고 불리게 되었습니다.

● 푸젠성 우이산의 산간에는 지금도 많은 차밭이 있습니다.

1851년도에 나온 중국 책에는 처음으로 홍차라는 용어가 등장합니다. 산화도가 강한 차인 '홍차'는 그 후 생산을 확대해 갑니다. 20세기에는 차를 더욱더 잘게 부수는 기계가 개발되면서 인도에서는 기계로 가공하여 저렴한 홍차를 주로 생산하게 됩니다. 이런 역사를 바탕으로 현재에 이르는 홍차가 완성됩니다.

● 우이산의 차나무가 이식된 인도의 다르질링. 표고 2000미터 산간 마을 주위에 차밭이 펼쳐집니다.

애프터눈 티의 유행

차나무의 재배에 큰 변혁이 일어나 누구나 차를 즐길 수 있게 된 1840년대에는 영국 사상 가장 우아하고 사치스러운 티타임인 '애프터눈 티'의 문화가 생겼습니다. 애프터눈 티의 발상지는 베드퍼드 공작 집안의 컨트리 하우스 '워번 애비(Woburn Abbey)'입니다. 제7대 베드퍼드 공작의 부인인 애나 마리아(1783~1857)는 사교가 능숙한 귀부인으로 알려져 있었습니다. 당시 워번 애비에는 항상 수십 명의 손님이 머물렀다고 합니다.

당시 산업혁명에 의해 가정용 램프가 보급되면서 사람들은 밤늦게까지 깨어 있게 되었고, 이에 따라 저녁 식사 시간도 점점 늦어졌습니다. 베드퍼드 공작 역시도 남자 손님이 놀러 오면 사슴 사냥을 자랑하느라 귀가가 늦어

● 로열 돌턴 요업의 접시에 그려진 베드퍼드 공작가의 '워번 대저택지' (로열 돌턴/1977년).

지는 일이 잦았습니다. 그 때문에 점심과 저녁 사이의 허기를 견디지 못했던 애나 마리아는 저녁때가 되면 자주 '우울하다'고 느꼈습니다. 그래서 그녀는 하인에게 자신의 방에 차를 가지고 올 것을 지시했습니다. 하지만 당시 영국에서는 차를 '약'으로 취급했기 때문에 공복일 때 마시는 것은 몸에 좋지 않다는 인식이 있었습니다. 그래서 차를 마실 때에는 빵과 버터, 비스킷 등의 과자가 같이 나왔습니다. 차와 함께 제공되는 간식으로 애나 마리아는 공복을 달랬던 것입니다.

처음에는 혼자서 보냈던 티타임이 점차 응접실에서 손님과 함께 즐기게 되면서, 워번 애비의 애프터눈 티는 기본 양식이 되어 갔습니다. 또 워번 애비에 초대를 받았던 손님들의 저택으로도 번져 갔기 때문에 점차 귀족 여성들 사이에선 '파티 전, 저녁 식사 전'의 우아한 차 시간이 사교로 정착하게 되었습니다.

● 빅토리아 여왕의 어머니와 친밀했던 애나 마리아 공작 부인은 어린 빅토리아에게 동경의 대상이었습니다 (Court Magazine/J. Cochrant 작품/1834년).

● 자택에서 느긋함을 연출하는 티 가운은 애프터눈 티의 상징적인 존재가 되었습니다. 왼쪽은 실물, 오른쪽은 일러스트 / 1909년.

유행에 민감했던 애나 마리아는 당시에는 드물었던 중국의 우이차와 인도산 홍차를 손님들에게 대접했던 것으로 추정됩니다. 애프터눈 티는 가정 안에서 편하게 마시는 것이었기 때문에 여성이 편히 쉴 수 있게 허리를 꽉 묶지 않고 느슨하게 풀어진 드레스를 즐겨 입었습니다. 후에 이 드레스는 '티가운'으로 불리게 됩니다.

1859년 빅토리아 여왕 내외가 워번 애비를 방문합니다. 여왕이 신하의 집에 묵는 것은 처음 있는 일이었습니다. 여왕 부처를 따라서 검소한 생활을 했던 베드퍼드 공작도 이날만큼은 최선을 다해서 여왕 내외를 대접했습니다. 베드퍼드가에는 여왕 방문을 위해서 준비했던 '퀸 빅토리아 드레싱 룸'이 현재도 남아 있습니다. 여왕이 좋아했던 사파이어를 의식한 듯 벽에는 터키석처럼 푸른 견직물로 짠 벽지를 붙이고 호화로운 로코코풍의 가구를 배치해 두었습니다. 기록에 의하면 그해에 워번 애비에 초대된 손님

● 티 가운을 입고 느긋하게 쉬는 여성들. 왼쪽 구석에는 동양풍의 병풍이 놓여 있습니다 (Alexander M. Rossi 작품/1807년).

수는 1만 2000명가량이었다고 합니다. 빅토리아 여왕을 비롯해서 많은 손님들은 이 저택에서 애프터눈 티로 대접을 받았던 것입니다.

애프터눈 티를 장식한 티세트

워번 애비의 애프터눈 티는 귀부인들 사이에서 널리 퍼졌습니다. 그 사이에서는 차를 내오는 사람의 감각이 어떠한지, 역사가 있는 자기와 은식기를 얼마나 잘 손질하여 내놓을 것인지, 요리와 과자를 얼마나 준비할 수 있는지, 접대는 어떻게 하는지 등에 따라 기량이 평가되었습니다. 차를 마시는 방도 그저 호화롭기만 한 것이 아니라 시대 양식을 기본으로 하여 가구와 회화의 배치를 손님들에게 제대로 설명할 수 있는 교양이 필요했습니다.

또 안주인의 외적인 아름다움뿐만이 아니라 대화술, 친밀감을 이룰 수 있는 사교적 소양이 요구되었습니다. 만찬회보다 저렴한 비용으로 우아하게 사교 모임을 가질 수 있었던 애프터눈 티는 빅토리아 왕조의 도덕관념에 알맞게 '검소하면서도 사치스러운 티타임'으로 시작하여 대중에까지 퍼지게 됩니다.

귀족들의 애프터눈 티는 구체적으로 어떠한 것이었을까요? 대규모의 애프터눈 티는 뷔페를 기본으로, 큰 저택의 경우 홍차와 함께 커피까지 준비되었습니다. 경우에 따라서는 와인, 셰리주 등의 술도 제공되었고, 과일이 들어간 샴페인도 인기 메뉴였습니다.

현재 런던의 호텔을 중심으로 홍차를 마시기 전에 샴페인으로 건배하는 '샴페인 애프터눈 티'는 이 시대에서 유래되었습니다. 케이크와 버터를 발라 먹는 빵, 비스킷, 아이스크림, 과일, 샌드위치 등 다과도 다 먹을 수 없을 만큼 넉넉하게 내놓는 것이 일반적이었습니다. 하지만 당시에는 생크림을 얹은 간식이 많지 않았기 때문에 지금보다는 비교적 간단한 다과를 먹었습니다. 또 다과가 단순했기 때문에 장미꽃 무늬나 금테를 둘러 여성답고 화려한 티세트를 많이 사용했습니다. 그래서 간단한 다과와 균형을 이룬 호화로운 티세트로 보다 우아한 애프터눈 티를 즐길 수 있었습니다.

도자기는 값비싼 것이었기 때문에 하급 하인은 설거지하는 것도 허용되지 않았습니다. 집사나 하우스키퍼라고 불렸던 상급 하인의 관리, 감독 하에 몇몇 하인만이 도자기와 은식기 전용 부엌에서 뒷정리를 했습니다. 또, 금이 가지 않았는지, 수량은 부족하지 않는지를 일일이 확인했습니다. 그 뒤에는 도자기와 은식기만을 보존하는 방에 두고 문을 잠가 관리했습니다. 주인이 오랫동안 저택을 비울 경우, 상황에 따라서 은행 금고에 맡기는 경우도 있었다고 합니다.

- 복식화 안에도 티 장면이 등장할 정도로 홍차는 귀부인의 상징이 되었습니다 (1862년).

- 여자들이 모이는 곳에는 홍차가 있다는 것을 보여 주는 듯한 장면.

제4장. 상류층의 애프터눈 티

도자기를 닦기 위한 비싼 린넨 타월은 티타월이라고 칭했습니다. 티타월은 차를 대접하는 쟁반 위에 깔기도 했습니다. 이 타월은 현재에도 영국 부엌의 필수품인 것으로 알려져 있습니다.

또한 당시는 꽃을 실온 재배하는 일이 대단히 어렵고 많은 비용이 들었기 때문에 식탁에 생화를 호화롭게 장식하는 일은 엄두도 낼 수 없었습니다. 만일 겨울에 생화가 나오면 꽃의 양이 아주 적다고 해도 실온 재배된 꽃이라는 이유로 사치스러운 물품으로 취급했습니다. 또 꽃의 양이 적은 대신 꽃무늬를 애프터눈 티세트에 많이 사용했습니다 (남성이 주체인 만찬회에서는 꽃무늬 식기의 사용은 자제했습니다). 또 이와 같은 이유로 실온 재배가 필요한 오이가 들어간 샌드위치는 사치의 상징이 되었습니다.

● 생화가 귀했던 18세기에 도자기로 제작된 '도자기 꽃'은 식탁을 화사하게 해 주었습니다 (로열 돌턴/최근).

19세기 전반, 상류층을 중심으로 유행했던 찻잔 중, '트리오'라는 티세트가 있습니다. 트리오는 식기의 전문 용어로 '찻잔·잔 받침·케이크 접시'의 3점 세트를 가리킵니다. 그러나 빅토리아 왕조 초기까지는 영국에서는 트리오라고 하면 '찻잔·커피잔·잔 받침'의 3점을 뜻했습니다. 홍차와 커피를 동시에 마시는 경우는 없었기 때문에 잔 받침은 하나로 충분하다는 영국인의 합리적인 사고가 반영된 것이었습니다. 하지만 19세기, 애프터눈 티가 활발해지면서 티타임에서 홍차와 커피가 동시에 제공되는 경우가 늘어나게 되었습니다. 그러면서 각각의 찻잔에 받침이 필요하게 되었고, 다과의 양이 증가하면서 앞 접시로 사용하는 케이크 접시의 수요 역시도 증가하여 트리오의 형태는 바뀌어 갔습니다.

● 손님을 놀라게 할 만큼 아름답고 다채롭게 꾸며진 찻잔은 상류층의 호화로운 실내 장식과도 잘 어울렸습니다.

● 빅토리아 왕조의 찻잔은 잔 안에까지 세밀한 장식이 세공되어 있는 것이 특징입니다. 아름다운 찻잔의 형태와 그림은 중요한 요소였습니다 (코울돈/1900년).

● 홍차를 따르던 찻잔의 모양은 크게 달라집니다 (코울돈 1900년).

● 심플한 외관의 찻잔 내부에는 큰 꽃송이가 아름답게 그려져 있습니다 (민턴/1840년).

- 티타임 때 다과가 자주 등장하게 되자, 케이크 접시의 수요도 증가했습니다 (왼쪽 : 아인슬레이/1930년, 오른쪽 : 리지웨이/1860~1880년).

- 귀중한 티볼과 커피 잔의 트리오. 정통파는 중국에서 온 티볼을 사용했을 것입니다 (로열 우스타/1810년).

- 힐딧치 찻잔과 커피 잔의 트리오. 힐딧치 요업은 영국 스태퍼드셔에서 1815년부터 1859년까지라는 짧은 기간 동안만 제작했던 업체입니다 (힐딧치/1830~1850년).

삶의 질을 높여 준 만국박람회

1851년에 런던에서는 영국의 부와 권력을 자랑하는 큰 행사가 개최되었습니다. 세계 최초의 만국박람회입니다. 발기인은 앨버트 공이었습니다. 당시 유럽과 미국에서는 각국의 박람회가 성황을 이루고 있었습니다.

영국에서는 1846년 이후 매년 공업 예술전을 열어, 공업 제품에 대한 사람들의 관심을 유도해 왔는데, 앨버트 공이 국제 박람회를 추진하여 실현시킨 것입니다. 이 만국박람회는 산업혁명을 이끈 영국의 기술력을 국내외에 자랑하는 자리가 되었으며, 그 후 열린 많은 박람회의 본보기가 되었습니다.

이 만국박람회를 위해 건축된 '수정궁(크리스털 팰리스)'은 당시 큰 화제가 되었습니다. 철과 유리를 사용한 수정궁은 건축에 프리패브(Prefab)[3] 방식이 채택되어 완공까지는 반년이 소요되었습니다. 중후한 모양의 돌과 벽돌로 세우던 당시의 건물과는 비교할 수 없을 정도의 속도였습니다.

만국박람회가 열렸던 5월부터 10월까지 입장한 사람의 수는 600만 명에 달합니다. 특별히 기억할 만한 점은 5실링이었던 입장료가 5월말부터는 월요일에서 목요일까지에 한해서 1실링으로 인하되었던 것입니다. 이 사실은 만국박람회가 한정된 특권층에게 국한된 것이 아니라 일반 시민에게도 열렸던 박람회라는 것을 의미합니다. 또 만국박람회에서는 주류의 판매가 금지되어 음료와 홍차만 판매했습니다.

박람회장은 진지한 학습의 장으로서의 기능도 수반하여 사람들이 새로운 지식을 흡수하는 데에도 도움을 주었습니다. 덧붙이자면 빅토리아 여왕은 사랑하는 남편이 주최자인 것을 자랑스럽게 여겨 박람회가 개최되었을 때 서너 회나 방문했다고 합니다.

도기, 자기, 은식기, 유리 등의 장식품 장인에게 만국박람회는 견본품을 보

---

[3] 공장에서 부품을 가공 및 조립해 놓고 현장에서 설치만 하는 건축 공법.

일 수 있는 기회이기도 했습니다. 당시 만국박람회에서는 민턴 요업의 사장이 도자기 부문을 시찰한 여왕을 보좌했습니다. 민턴 요업은 이곳에서 아름다운 터키석처럼 푸른 디저트 세트와 이탈리아의 마조리카를 복제한 작품을 발표하여, 영국 기업으로는 유일하게 동메달을 획득했습니다. 박람회 당일에 기록된 여왕의 일기에는 "1위는 놓쳤지만 민턴이 최고였다."는

● 만국박람회의 웨지우드 요업 전시관을 그린 접시 (웨지우드 / 2001년).

내용이 기록되어 있습니다. 여왕은 민턴의 관람회에서 디저트 세트를 한꺼번에 구입하여 그중의 절반을 오스트리아의 왕비인 엘리자베스에게 선물했습니다. 민턴 요업은 만국박람회 후, 1856년에 영국 왕실의 전속 도자기 업체로 지정된 이래 오늘날까지도 그 명예를 이어 오고 있습니다. 또한 앨버트 공이 설계하고 여왕이 최후를 맞이했던 오즈번하우스의 홀에도 민턴 요업의 타일이 사용되었습니다.

전사법을 이용한 적당한 가격의 자기로 판매망을 확대해 간 웨지우드 요업의 부스에는 특히 많은 국민들의 이목이 집중되었습니다. 많은 방문자들이 웨지우드 요업의 작품을 보기 위해 몰려들었습니다. 그뿐 아니라 웨지우드 요업의 전사 기술과 온도를 적정하게 유지하는 기법 등은 동종 업

● 수정궁이라는 이름으로 친숙한 만국박람회의 건물은 폐막 후 시드넘 힐로 이전되었지만 20세기 초반 발생한 화재로 소실되었습니다 (그림 엽서/소인 1908년).

● 최초의 국제 교류의 장이 되었던 만국박람회는 여러 나라에 자극을 주었습니다(Joseph Nash 작품).

● 1851년의 만국박람회에서 입상한 민턴 요업의 마조리카.

● 만국박람회의 내람회장에서 빅토리아 여왕이 구입한 민턴 요업의 디저트용 다구.

자에게도 큰 영향을 주었습니다. 이로 인해 만국박람회가 끝난 뒤, 웨지우드 공장에는 견학자가 배로 증가했다고 합니다.

만국박람회는 대성공을 거두어 약 52만 파운드의 매출을 달성하게 되는데, 그중 순이익은 약 18만 파운드에 이릅니다. 이렇게 얻은 이익으로 '빅토리아 앤 앨버트 박물관(구 산업박물관)', '과학박물관', '자연사박물관', '로열 앨버트홀'이라고 하는 문화시설이 세워졌습니다. 이 시설들을 통해 국민의 교양 및 생활의 질은 높아지게 되었고, 이들은 150년 이상이 흐른 지금까지도 영국의 주요한 문화적 재산으로 남아 있습니다.

만국박람회

● 세계 유수의 전시 작품이 많기로 유명한 '빅토리아 앤 앨버트 박물관'은 만국박람회에서 얻은 수익으로 건축되었습니다.

● '빅토리아 앤 앨버트 박물관' 안의 만국박람회 부스에는 1851년에 회장을 장식한 작품이 많이 전시되어 있습니다.

현재도 볼 수 있는 당시의 전시품

1851년에 런던에서 열린 세계 최초의 만국박람회에 장식되었던 많은 전시물들은 박람회가 끝난 뒤 각국의 배려로 영국 정부에 기증되었습니다. 그것들이 전시된 곳은 만국박람회의 수익으로 이듬해에 세워진 '산업박물관'입니다. 이것은 '빅토리아 앤 앨버트 박물관'의 전신으로 현재에는 존재하지 않으며, 이곳의 전시품도 모두 빅토리아 앤 앨버트 박물관으로 옮겨졌습니다. 산업박물관은 만국박람회처럼 누구나 예술 작품을 감상할 수 있도록 세워진 것으로 영국의 노동자에게 자극을 주기 위한 것이었습니다. 부유층만이 아니라 여러 계층의 사람들을 받아들이기 위해서 입장료를 무료로 책정했습니다. 박물관 중에서는 최초로 가스등을 설치해서 퇴근한 노동자도 방문할 수 있도록 배려했습니다.

모리스가 디자인한 '그린 다이닝 룸'

또한 멀리서 온 방문객이 여유 있게 감상할 수 있도록 세계 최초로 내부에 레스토랑을 갖춘 것도 큰 주목을 받았습니다. 그중 '그린 다이닝 룸' 레스토랑은 제6장에서 소개할 아트 앤드 크래프트 운동의 중심인물, 윌리엄 모리스가 내장을 시공했습니다. 설립된 지 얼마

- '빅토리아 앤 앨버트 박물관'의 도자기 전시관은 2010년에 개장합니다. 셀 수 없을 만큼 많은 수의 전시 작품이 압도적입니다.

되지 않았던 모리스상회가 처음으로 발주한 공공사업이었습니다. 올리브 색상으로 벽을 칠한 뒤, 진녹색 도료를 사용하여 나뭇잎을 빼곡하게 그린 이 공간에서 사람들은 티타임을 즐겼습니다.

빅토리아 앤 앨버트 박물관에는 조사이어 웨지우드가 제작한 재스퍼웨어, '포틀랜드 항아리'와 만국박람회의 장소였던 수정궁의 모형, 만국박람회와 관련된 자료 등이 전시되어 있습니다. 또한 최근에 새로 연 '도자기관'에는 영국을 대표하는 도자기 생산 회사의 귀중한 찻잔 컬렉션이 전시되어 있습니다.

제4장. 상류층의 애프터눈 티

 # 찻잔의 손잡이

19세기 말, 찻잔은 무늬뿐만이 아니라 손잡이도 진화해 갔습니다. 장식이 화려한 손잡이와 단순하고 잡기 좋은 손잡이 같은 영국에서 유행한 손잡이를 몇 개 소개합니다. 마음에 드는 손잡이가 있으신가요? 아래의 내용과 소장하고 계신 찻잔의 손잡이를 비교해 보는 것도 즐거울 것입니다.

● 고리형 손잡이 (코울돈/1905~1920년).

● 사각 손잡이 (로열 앨버트/1934년).

● 핀치드(Pinched) 손잡이 (로열 앨버트/1935~1940년).

● 앵귤러(Angular) 손잡이 (로열 돌턴/1932년).

● 런던 손잡이 (스포드/1990년경).

● 올드 잉글리시(Old English) 손잡이 (코울돈/1891년).

● 브로큰 루프 손잡이 (파라곤/1939~1949년).

애프터눈 티의 발상지 : 워번 애비(Woburn Abbey)

블루 드로잉 룸
(Blue Drawing Room)

홍차를 배우는 사람이라면 누구나가 동경하는 저택이 바로 '워번 애비(Woburn Abbey)'입니다. 18세기 초, 이 성에 살았던 제7대 베드퍼드 공작의 부인 애나 마리아는 애프터눈 티타임을 만들어 냈습니다. 이는 현재까지도 영국에서 가장 우아한 티타임으로 알려지고 있습니다.

워번 애비는 런던에서 북쪽으로 70킬로미터 정도 떨어진 곳에 위치하고 있습니다. 기차로는 약 2시간 정도가 소요되어 당일치기가 가능합니다. 워번 애비는 지금도 베드퍼드가의 소유지만, 현재는 관광지로 일반에 개방되어 있습니다.

저택을 견학할 때, 가장 많이 찾는 곳은 애프터눈 티가 생겨난 곳으로 알려진 '블루 드로잉 룸(Blue Drawing Room)'입니다. 이 방의 벽에는 연녹색 벽지가, 천장에는 금색 꽃모양 벽과 금빛 모자이크가 아름답게 장식되어 있으며, 호화로운 샹들리에도 달려 있습니다. 또 벽과 같은 천을 사용한 소파는 새하얀 난로 앞에 놓여 있습니다. 작고 둥근 티 테이블에는 아름다운 자기제 티세트가 놓여 마치 150년 전의 애프터눈 티타임으로 시간 여행을 떠난 것 같은 기분이 들기도 합니다. 아름다운 잔디와 그 앞의 호수, 나무, 그리고 공작이 애정을 가지고 정원에서 키운 사슴과 아름다운 풍경 등 블루 드로잉 룸에서 보는 경관도 뛰어납니다. 마치 시간이 멈춘 듯한 방을 방문하면 귀부인들이 나누었던 우아한 대화가 들려오는 듯합니다.

● 워번 애비의 정원.

1 1955년부터 일반에 공개되고 있는 '워번 애비'는 현재 15대 호주가 관리하고 있습니다.
2 18세기에 전성기를 누렸던 시누아즈리 문화를 상징하는 중국 차관.
3 정원이 보이는 티룸.

● 워번 애비에서 마시는 애프터눈 티는 홍차를 좋아하는 사람들이 꿈꾸는 일입니다. 예약해서 방문해 보세요.

찻잔 '레이디 베드퍼드'

저택의 티룸과 호텔의 레스토랑에서는 애프터눈 티를 즐길 수가 있습니다 (사전 예약을 해야 합니다). 워번 애비를 그린 도자기도 선물하기에 적합하므로 마음에 드는 것을 찾아보는 것도 좋습니다.

애프터눈 티를 창안한 애나 마리아에게서 영감을 얻은 아름다운 찻잔도 있습니다. 바로 로열 돌턴 요업이 디자인한 '레이디 베드퍼드'입니다. 심플한 백자에 푸른 선과 작은 꽃이 그려져 있습니다. 파란 선은 물론 블루 드로잉 룸과 연관이 있는 작은 꽃은 애프터눈 티를 상징하는 주제가 되어, 애프터눈 티의 문화와 역사가 가득 담긴 디자인이 되었습니다. 이 찻잔은 호텔과 레스토랑의 애프터눈 티를 낼 때 많이 사용되고 있지만, 아쉽게도 최근에 제조가 중지되었습니다. 만일 여러분이 티룸을 방문했을 때 이 찻잔을 만난다면 대단히 운이 좋은 셈입니다. 이 잔을 보며 우아한 애프터눈 티를 만든 애나 마리아를 떠올려 보세요.

● 애프터눈 티의 시조, 베드퍼드 공작부인인 애나 마리아의 유년 시절의 초상화(George Proctor 작품).

● 워번 애비에서 마시는 애프터눈 티를 상상하여 만들어진 베드퍼드 (로열 돌턴/2003년).

4 워번 애비 응접실 (피터 왜건 작품).
5 워번 애비 도서관 (피터 왜건 작품).
6 워번 애비 전시관 (피터 왜건 작품).

제5장

중산층과 노동자 계층의 티타임

애프터눈 티타임에 어울리는
귀여운 꽃무늬 찻잔

상류층 사이에서 유행한 애프터눈 티는 빅토리아 왕조 중기에 이르자 중산층을 사로잡았습니다. 중산층 사람들이 새로운 고객으로서 도자기를 많이 구매하면서 애프터눈 티타임에 어울리는 귀여운 꽃무늬 찻잔이 크게 유행했습니다.

중산층의 티타임

빅토리아 왕조는 전쟁에 승리하면서 식민지가 확대되어 '대영제국의 번영기'를 맞이했습니다. 이에 따라 영국의 중산층도 풍요로운 생활을 즐겼습니다. 그들은 염원하던 자신의 집을 마련하고, 만국박람회에서 여러 가지

- (위) 중산층 가정에서 마시는 애프터눈 티. 왼쪽 구석에는 부유함의 상징인 온실이 보입니다 (H. Bourne 작품/1880년).
- (아래) 『차와 스캔들』. 애프터눈 티의 진짜 묘미는 여자들끼리 나누는 수다입니다. 원래는 도덕적인 대화를 나누어야 했지만, 화제는 점점 다른 사람의 이야기로 옮겨 갔습니다 (The Illustrated London News/Gelhay 작품/1893년 2월18일).

공예품을 접하면서 점차 자택의 실내장식에 관심을 가졌습니다. 가구와 식기, 정원, 자택을 꾸미는 것으로 이루어지는 사교는 많은 사람들에게 동경의 대상이 되었습니다.

특히 손쉽게 접할 수 있는 애프터눈 티는 사교의 입문 단계로 많이 활용되었습니다. 문제는 차 예절이었습니다. 홍차는 우릴 수 있었지만 티타임을 열 줄은 몰랐던 여성들은 책을 참고했습니다. '홍차 우리는 법' 등이 쓰인 실용서가 많이 출간되면서 여성을 대상으로 하는 가정서도 등장하게 되었습니다.

● 작은 꽃무늬 찻잔은 가정적인 분위기를 연출했습니다 (민턴/1891~1920년).

중산층의 애프터눈 티타임은 어떠했을까요? 중산층 가정에서는 귀족의 저택에서 사용된 것처럼 호화로운 찻잔은 너무 비싸서 구매할 수가 없었습니다. 또한 방의 분위기에도 적합하지 않았습니다. 그래서 상류층이 사용하는 찻잔의 디자인을 조금 간소화하여 금박 사용을 적게 하고, 손으로 그리는 부분을 전사화한 찻잔이 많이 생산되었습니다.

● 작은 꽃무늬가 그려진 찻잔은 중산층의 애프터눈 티에서 동경의 대상이었습니다 (업체 불명/1880년 경).

● 중앙의 찻잔은 민턴 요업이 잘 만드는 타코이즈 블루입니다. 타코이즈 블루 위에 금색으로 장식한 뒤, 흰 에나멜로 문양을 그리고, 그 위에 민턴 요업 고유의 장미 문양을 그려 넣어 손이 많이 간 작품입니다 (민턴/1891~1920년).

● 현재에도 장미 무늬의 찻잔은 여성에게 가장 인기가 높습니다 (로열 앨버트 / 1940년).

방 전체의 실내장식과 찻잔이 잘 어우러지기를 원했던 중산층 부인들은 작은 꽃무늬가 그려진 귀여운 찻잔을 좋아했습니다. 빅토리아 여왕이 좋아했다고 알려진 민턴 요업의 작은 꽃무늬 찻잔은 애프터눈 티세트에 있어 동경의 대상이 되었습니다. 단, 남성이 동석할 때는 너무 작고 귀여운 꽃무늬 디자인은 사용하지 않았습니다. 이러한 차 예절은 현재에도 이어지고 있습니다.

애프터눈 티타임을 가질 때에는 대화에도 주의를 기울였습니다. '뭔가 하

● 유리 관세 철폐 후에 가정에 보급된 찬장. 평소에 사용하는 식기는 부엌에 두고 찬장 안에는 특별한 손님이 왔을 때에 사용하는, 그 집에서 가장 비싼 도자기가 진열되었습니다.

나라도 배울 것이 있는 티타임'을 목표로 하여, 다른 사람의 욕이나 정치, 종교, 자식과 관련한 내용은 터부시되었습니다. '차 시간에는 차 이야기를 나누는 것'에 목적을 둔 것입니다. 대신 이야깃거리가 되어 준 것은 티세트와 다과, 그리고 실내 장식이었습니다. 안주인은 대화를 원활하게 이어 주는 물건을 까다롭게 골라서 갖추는 것으로 자신의 교양을 드러내 보일 수 있었습니다. 방 안에 놓인 있는 물건은 안주인의 성격과 추억, 심지어는 그의 인생을 보여 준다고도 여겨져, 사람을 초대하는 방에는 자신에게도 소

- (위) 손님의 눈을 즐겁게 한 찬장.
- (아래) 찬장이 있는 방.

중한 물건을 진열하는 문화가 정착하게 됩니다.

특히 티타임의 주인공이라고도 할 수 있는 찻잔에는 특별한 주의가 기울여졌습니다. 이와 같은 생각은 'My Cup of Tea(내 취향)'이라는 숙어가 되었습니다. 자신의 기준에 맞춰 선택한 찻잔은 손님의 눈에 띄는 찬장 안에 아름답게 진열되었습니다. 찬장은 처음 등장했던 18세기 무렵에는 상류층의 저택에나 있는 특별한 것이었지만 유리의 세금이 폐지된 1845년 이후, 중산층 가정에도 보급되었습니다.

앨버트 공의 죽음과 공중위생의 진화

국민에게 존경을 받았던 빅토리아 여왕은 남편 앨버트 경과의 사이에서 9명의 자녀를 두고 행복한 결혼생활을 하다가 1861년, 갑작스럽게 깊은 슬픔에 빠졌습니다. 사랑하는 남편 앨버트가 42세의 젊은 나이에 돌연 사망한 것입니다. 사망의 원인은 당시 유행하던 장티푸스였습니다(그 후의 조사로는 앨버트 공의 사인은 위암이라는 견해가 강합니다).

● 빅토리아 여왕과 자녀들.

● 위생자기는 공중위생의 향상에도 크게 공헌했습니다. 빅토리아 왕조의 화려한 시대를 방불케 한 아름다운 위생자기는 지금도 영국인이 동경하는 물건입니다 (티퍼드사의 광고).

여왕은 남편과의 추억이 서린 오즈번하우스와 발모럴 성에 머물며 공식 행사에도 나오지 않았습니다. 나타날 때도 검은 상복 차림이었습니다. 처음에는 국민들 역시 남편을 잃은 여왕을 안쓰럽게 여겼지만, 여왕이 10년이 넘게 두문불출하자 불만이 생겨나기 시작했습니다. 여왕이 부재하는 것과 같은 날들이 40년가량이나 계속되었기 때문이었습니다.

국민들에게도 앨버트 공의 죽음은 남의 일이 아니었습니다. 19세기 산업혁명이 본격화되면서 생활용수의 부족은 큰 문제로 대두되었습니다. 런던에서는 수도의 정비가 시급한 문제로 대두되면서, 1855년에는 장티푸스, 콜레라 예방을 위해 하천의 물을 이용하고 있던 수도에 여과를 의무화했습니다. 바로 그 즈음, 앨버트 공이 사망한 것입니다.

● 로열 돌턴 요업의 탕파. 위생자기 회사의 활약에 의해 런던의 공중위생은 다른 나라에 비해 비약적으로 발전했습니다 (로열 돌턴/1910년).

정부는 보다 공을 들여 상하수도의 완비를 진행했습니다. 그때에 활약했던 업체가 돌턴 요업입니다. 돌턴 요업은 친구의 공동 출자를 받은 존 돌턴(1793~1873)이 1815년에 창업한 회사입니다. 위생자기(자기로 만든 세면대, 변기, 욕조, 비데, 오물 처리기 등)를 취급하던 돌턴 요업은 정부로부터 의뢰가 들어

오자 런던의 상하수도 완비에 협력했습니다. 돌턴 요업에서 만든 수도관은 품질이 뛰어나 후일 메이지 시대의 일본에도 대량으로 수출하게 됩니다. 민턴 요업도 같은 시기에 타일 생산을 시작해서 공중위생에 기여하게 됩니다. 일본의 중요 문화재인 옛 이와사키 저택(1896년 건설)에는 베란다에 민턴 요업의 타일, 돌턴 요업의 변기가 남아 있습니다.

2대째인 헨리 돌턴 대에 이르자, 돌턴 요업은 증기 기관을 도입해 생산 효율을 높였고, 이로써 더욱더 싼값의 배수 설비와 위생 용품을 제조하여 런던의 도시화에 큰 기여를 합니다.

티클리퍼의 활약

여왕이 부재한 국민 생활에 화려함을 안겨 준 것은 역시 홍차였습니다. 중국과의 무역이 자유화되기 전까지 차 무역은 동인도 회사만 인정을 받았던 특권이었습니다. 타사와의 경쟁이 없었기 때문에 차를 운반하는 속도는 중요하게 여겨지지 않았고, 그 때문에 중국과 영국을 왕복하는 데에는 2년 전후의 시간이 걸렸습니다.

그러나 무역이 자유화되면서 경쟁이 심해지자, 차를 운반하는 배들은 운반의 속도를 두고 경쟁을 시작합니다. 1849년, 영국은 지난 200년간 다른 나라의 배가 영국에 입항하지 못하게 했던 항해 조례를 폐지합니다. 그러자 미국의 새로운 범선, 클리퍼선이 입항할 수 있게 됩니다. '오리엔탈호'는 중국에서 런던까지 차를 97일 만에 수송했습니다. 미국 배의 활약에 자극을 받은 선주와 조선 기사가 힘을 모아 빠른 배를 만드는 일에 힘을 쏟은 결과, 범선 역사의 꽃인 영국제 클리퍼선이 탄생했습니다.

이 클리퍼선은 오로지 빨리 가기 위해 만들어진 최고의 배였습니다. 빠른 속도가 요구되었던 차 무역에 사용되었기 때문에 이 배는 '티클리퍼'라고 불렸습니다. 성능이 좋은 범선도 최고 시속 18.5킬로미터 정도의 속도를

● 접시에 그려진 티클리퍼 (웨지우드/1996년).

● 템스 강에서 클리퍼선의 입항을 기다리는 사람들 (The Graphic 부록/티소트 (Tissort) 작품/1873년 2월 8일).

내던 시대에 보통 시속이 22~24킬로미터, 바람이 좋으면 시속 28킬로미터를 가뿐히 넘었습니다. 해면을 가르고 날아가는 것처럼 보일 정도였습니다.

처음에 차를 실어 보내는 항구는 광저우, 마카오였지만 아편 전쟁 이후 상하이, 푸저우, 아모이 등이 추가되었습니다. 푸저우는 영국인이 좋아했던 우이산에 가까이 있었기 때문에 신차를 싣는 데 가장 적합한 항구였습니다. 역사에 남을 티클리퍼 경주는 이 푸저우의 항구가 기점이 되었습니다. 그해에 가장 먼저 런던에 새로운 차를 운반한 배의 선장과 선원은 막대한 이익과 명예를 얻을 수가 있었습니다. 차는 티클리퍼선으로 수송되면서 F1 경주와 같은 열기를 띠었습니다. 내기를 좋아하는 영국인들 사이에서는 가장 빠른 배를 맞추는 내기가 유행했고, 1856년에는 신차를 가장 먼저 런던에 가져온 선박인에게 상금을 주는 상인까지 등장했습니다.

1860년대에 들어서면서 클리퍼 경주는 더 많은 주목을 받았습니다. 런던의 템스 강가 항구의 선술집과 레스토랑에는 홍차를 마시면서 언제 입항할지도 모르는 클리퍼선을 기다리는 시민의 모습을 많이 볼 수 있었습니다. 지금도 템스 강가에는 '에어리얼', '테핀' 등 유명한 티클리퍼의 이름을 붙인 선술집이 남아 있습니다.

티클리퍼에서 증기선으로

영국인의 꿈을 건 최신형의 클리퍼선인 '커티삭(Cutty Sark)'이 만들어진 것은 1869년입니다. 그러나 모순되게도 진수식 전주에 수에즈 운하가 개통하게 되면서 범선 시대는 급속하게 끝을 맞게 됩니다. 인공적으로 만들어진 좁은 수에즈 운하는 바람이 전혀 불지 않았습니다. 그 때문에 바람을 이용해서 달리는 클리퍼선은 이곳에서는 앞으로 나아갈 수가 없습니다. 이 운하를 통행하기 위해서는 증기선과 같은 바람을 이용하지 않은 자력 항해가 반드시 이루어져야 했습니다.

커티삭은 티클리퍼선으로는 상당히 우수한 성적을 남길 수 있었지만 최단 운송 기간의 기록을 갱신할 수도, 티 경주에서 승리할 수도 없었습니다. 그래도 커티삭은 그 이름의 유래 덕분에 많은 인기를 얻었습니다.

커티삭은 19세기 스코틀랜드 시인, 로버트 헌즈의 시에도 인용되었습니다. 커티삭이란 스코틀랜드어로 요정이 입고 있던 속옷을 뜻합니다. 어느 날 술을 마신 청년 탬은 밤중에 교회에서 속옷 차림으로 춤을 추고 있는 요정 나니의 모습을 보게 됩니다. 처음엔 조용히 보고만 있던 탬은 점차 흥분하여 결국 '좋아! 커티삭'이라고 외치고 맙니다.

나니에게 구경하던 것을 들킨 탬은 도망을 칩니다. 하지만 이내 거의 다 따라잡히자, 나니가 물을 싫어하는 것을 기억해 낸 탬은 강을 건너 도망칩니다. 이 이야기는 클리퍼선의 뱃머리에 반영되어 나니가 탬을 필사적으로 쫓아가는 형상(경주에 지고 싶어 하지 않는 마음)과 물을 싫어하는 나니가 가슴을 노출한 속옷 차림으로 장식되어 있었습니다.

수에즈 운하를 이용한 증기선은 약 40일간의 항해를 통해 차를 운반했습니다. 범선 건조 기술의 정점이라고도 할 수 있는 클리퍼선은 운하가 개통되면서 그 역할을 다하게 됩니다. 그 후 클리퍼선은 해체되거나 수명이 다하여 사라져 갔습니다. 그러나 지금도 당시의 모습을 그대로 지니고 있는 배 한 척이 있습니다. 바로 '커티삭'입니다. 커티삭은 당시의 홍차 문화를 전하는 귀중한 자료가 되어 현재 그리니치에 전시되어 있습니다.

- 그리니치에 전시되어 있는 커티삭은 현존하는 유일한 티클리퍼선입니다. 2007년, 화재로 인해 절반이 불탔지만 복원을 거쳐 2012년에 다시 공개되었습니다.

- 현재 커티삭 바깥쪽에 설치되어 있는 나니는 모사품으로, 진품은 배 안의 박물관에 전시되어 있습니다. 자신의 속옷 차림을 목격한 탬을 필사적으로 쫓아가는 나니의 표정에 주목해 보세요. 손에 쥐고 있는 것은 탬이 탄 말의 꼬리입니다. 결국 말의 꼬리를 잡았지만 꼬리가 빠져 탬을 놓쳐 버리고 맙니다.

실론에서의 차나무 재배

홍차의 수송 경로가 크게 변해 가는 도중에, 인도에 이어서 실론(현재 스리랑카)에서도 홍차 생산의 가능성이 보이기 시작했습니다. 그 중심 인물은 스코틀랜드에서 온 개척자, 제임스 테일러(1835~1892)였습니다. 그는 16세의 어린 나이에 실론 섬의 캔디 인근으로 들어갔습니다. 농장의 커피 재배에 참여했지만 해충으로 인해 커피를 재배할 수 없게 되었습니다. 그 때문에 말라리아의 특효약으로 주목을 받고 있던 기나를 재배하기 시작했습니다. 그 후 1867년, 제임스 테일러는 인도에서 재배된 아삼종을 이용해서 차나무를 재배하라는 지시를 받습니다. 차나무의 재배는 1년이 지난 뒤 결실을 맺게 되었고, 런던으로 보내진 차는 높은 평가를 받게 됩니다. 당시 식민지에서 성공을 거둔 개척자는 부를 쌓으면 대다수가 본국으로 귀국했지만, 테일러는 실론에 정착한 뒤 오로지 홍차의 생산과 제다 도구의 연구에만 몰두합니다. 큰 체격, 그리고 까다롭게 보이는 얼굴 때문에 그와 친밀한 노동자가 적었을 뿐 아니라, 테일러 역시도 무뚝뚝한 성격이었습니다. 57세로 생애를 마치기까지 테일러는 사람들과 교제하는 것을 삼가고 독신으로 살면서 홍차를 만드는 일에 몰두했습니다. 약 40년간의 '홍차 인생' 중에서 그가 휴가를 낸 것은 다르질링으로 연수를 갔던 단 2주뿐이었습니다.

묵묵히 장인으로서의 역할에 충실했던 테일러의 홍차를 다양한 광고를 통해 세계적으로 유명하게 한 것은 토머스 립턴(1850~1931)이었습니다. 립턴은 나중에 '홍차의 왕'이라고 불리게 됩니다.

스코틀랜드에서 태어난 립턴은 21세 때 작은 식품점을 개업했습니다. 1889년에는 홍차를 판매하기 시작합니다. 립턴은 '생산물은 직접 생산자에게서 구매한다'는 사업의 신조를 충실히 이행합니다. 직접 실론에 가서 캔디와 우바 지방을 시찰하고 광대한 다원을 모두 사들였던 것입니다. 산지 직송인 홍차 립턴(국내에서는 상품명이 립톤이다.)의 가격은 매우 저렴했기 때문

● 아삼종 찻잎을 따는 풍경. 찻잎의 크기에 주목해 보십시오 (립턴사 우바 다원/그림엽서/소인 1909년).

● 실론 홍차 탄생 125년을 기념한 우표. 실론 홍차의 아버지, 제임스 테일러가 그려져 있습니다 (스리랑카 정부 발행/1992년).

● 콧수염과 물방울 무늬의 넥타이가 트레이드 마크였던 토머스 립턴은 실업가로서뿐만 아니라 자선가로서도 존경을 받았습니다.

에 '맛이 없어서 싼 것'이라는 시샘 섞인 비방도 들어야 했습니다. 립턴은 홍차의 맛을 증명하기 위해 1891년에는 런던의 차 경매에 자사의 우바 다원에서 만들어진 홍차를 출품합니다. 그 홍차는 사상 최고의 가격에 낙찰됩니다. 이후 립턴사에 대한 비방이나 중상(中傷)은 사라졌습니다. 또한 1892년에 발표한 '다원에서 직접 티포트로'라는 광고 문구는 립턴사의 대표적인 카피가 되었습니다.

- (위) 우바의 다원을 그린 그림엽서 (립턴사 발행/소연 1909년).
- (아래) 우바 다원의 찻잎을 따는 풍경 (소인 1908년).

또한 당시에는 주로 무게를 달아 팔았던 홍차를 포장하여 팔기 시작한 것도 립턴사가 최초입니다. 이는 인건비 절감의 효과도 있었기 때문에 매장 운영에도 긍정적인 영향을 주었습니다. 홍차는 향이 쉽게 날아가기 때문에 수입한 상품은 소분해 두는 편이 더 좋기도 했습니다.

점포가 증가함에 따라 립턴의 홍차는 호불호가 두드러지게 됩니다. 같은 브랜드의 차라도 날개 돋친 듯이 팔리는 지역과 팔리지 않는 지역이 확실히 구분되었던 것입니다. '토질과 수질에 따라 향미와 감칠맛이 차이가 난다'는 사실을 알게 된 립턴은 '당신의 마을에 맞춘 완벽한 블렌딩'을 표어로 내세웁니다. 전문가에게 블렌딩을 맡겨 각 마을에 맞춘 홍차를 생산하기로 한 것입니다. 이를 위해서 립턴은 모든 매장의 점장에게 각 현지의 물을 정기적으로 런던의 티 테이스터에게 보낼 것을 명령합니다.

립턴은 자사의 매상을 높였을 뿐만 아니라 자선 활동에도 참여하여 가난한 사람에게도 따뜻한 홍차를 제공했습니다. 빅토리아 여왕의 즉위 60주년 때는 알렉산드라 황태자비가 '가난한 사람들에게도 따뜻한 식사를 제공하자'며 마련한 '로열 디너'에 2만 5000파운드를 기부합니다. 이것이 계기가 되어 황태자비와 친밀해진 립턴은 나중에 '알렉산드라 기금'의 설립에도 협력하여 사회복지에도 공헌했습니다. 마차로 빈민가를 돌면서 홍차를 제공하거나 취미로 즐기던 요트에 가난한 어린이들을 태웠습니다. 립턴은 이러한 활동을 인정받아, 1898년 빅토리아 여왕으로부터 '기사' 작위를 받게 됩니다. 이후 그는 '토머스 립턴경'이라고 불리게 됩니다.

그는 대략 700만 달러에 달하는 재산을 남기고 이 세상을 떠납니다. 독신으로 살았던 그의 유언에 따라 유산은 모두 고향 글래스고에 기부되어 병자와 빈민을 구하는 기금으로 사용되었습니다. 사람들은 이러한 토머스의 공적을 논하여 신종 장미에 '토머스 립턴경(Sir Tomas Lipton)'이라는 이름을 붙였고, 현재도 그 장미는 사람들에게 사랑을 받고 있습니다.

- 자선 단체 사람들이 가난한 사람을 위해 따뜻한 홍차를 대접하고 있습니다 (The Graphic/1876년 1월 15일).

- (위) 빅토리아 왕조가 번영했을 때 개최된 자선 티타임을 그린 『테이블의 한 장면』, '아래' 『맹인의 티파티』 (Harper's Bazar/1890년 3월 15일).

● 다원에서 직접 티포트로. 산지 직송을 강조한 립턴사의 광고에는 이국적인 외모의 채엽 인부가 그려져 있습니다.

● 립턴사의 전단지에는 빅토리아 여왕으로부터 기사 작위를 받는 토머스의 모습이 실려 있습니다. 아일랜드 난민의 아들로 초등학교조차 아르바이트를 하면서 다녀야 했던 가난한 소년이 홍차 산업에서 '기사 작위'를 받자, 가난한 사람들이 희망을 얻었습니다 (The National Weekly/1938년).

절대금주운동 – 술 대신 홍차

홍차의 보급이 확산되면서 중산층 가정에서도 화려한 애프터눈 티타임을 즐겼지만 노동자 계층의 생활은 극단적으로 힘들어지기 시작했습니다. 지금까지와 같이 물물교환과 노동 교환으로 서로 도와 가며 생활하는 것이 사회적으로 성립할 수 없게 되면서 모두 '돈'으로 사고팔게 되었기 때문입니다.

● 선술집에서 불황을 한탄하는 마차 운전수. 그의 코 밑에는 훌륭한 콧수염이 길러져 있습니다 (The British Workman No.411/19세기 후반).

일하는 장소도 공장이 있는 도시에 많았습니다. 공장주들은 값비싼 기계를 계속해서 가동시키기 위해 노동자들에게 하루에 평균 14~15시간 동안 노동을 하도록 강요했습니다. 도시는 교외에 비해서 집세가 비쌌기 때문에 이제까지 가정을 지켰던 여성도 일할 수밖에 없었습니다. 하지만 여전히 생활은 고달팠고, 그로 인해 스트레스를 받은 남자들은 다시 저렴한 술, 진에 의존하게 됩니다.

18세기에 일어났던 알코올 중독자 문제가 다시 불거집니다. 사람들의 타락은 심해져서 '술을 마시는 사람은 술을 끊고 그 돈으로 가정생활을 되돌리자'는 금주운동이 일어났습니다. 정부도 금주협회를 설립하고 빅토리아 여왕을 후원회장으로 추대하여 '술 대신에 빅토리아 티를'이라는 구호를 제창했습니다. 당시에는 아이들이 술을 마시는 일이 일반적인 일이었지만, 1839년부터 16세 이하의 아동에게는 맥주 이외의 술의 판매를 금지하였고, 1886년부터는 13세의 이하의 아이에게 맥주 판매도 금지하는 법률을 제정하였습니다.

이와 같은 운동을 '티토털(Teetotal)', 즉 절대금주라고 불렀습니다. 노동자들에게 홍차를 마시는 습관이 배도록 공장에서는 휴식 시간이 되면 이전까지 제공해 온 맥주 대신 홍차를 준비했습니다.

10분~15분씩 쉬는 동안 술을 마시지 않는 것은 후반 작업에 큰 영향을 주었습니다. 난방이 안 되는 공장 안에서 홍차는 손쉽게 마실 수 있는 따뜻한 음료가 되었습니다. 또 머리가 맑아지는 각성 작용과 함께 차에 설탕과 우유를 넣으면 열량을 보충하는 효과까지 얻을 수 있었습니다.

공장 경영자들은 '절대금주'에 대한 토론의 장을 수차례 마련해서 홍차를 마시면서 회의를 했습니다. 회사가 노동자에게 열어 주는 위로회 역시도 술 없이 진행되었습니다.

사회적으로 영향력이 있었던 웨지우드 요업도 금주에 공헌했습니다. 웨지우드 요업은 반기계화된 수법으로 생산한 심플하고도 가격이 싼 자기 티포트를 노동자에게 할인된 가격으로 제공했습니다. 탄광 경영자인 존 아인슬리(1752~1829)가 1775년에 창업한 아인슬리 요업도 이제까지의 맥주잔을 위주로 생산하던 도자기를 찻잔으로 방향을 크게 바꿨습니다.

노동자 계층의 대다수가 홍차를 즐기게 되자, 찻잔의 형태에 대해서도 개선 요청이 들어오기 시작했습니다. 당시 남성들은 앨버트 공을 필두로 상류층의 귀족들이 길렀던 '콧수염'을 동경했습니다. 하지만 일반적인 찻잔으로 홍차를 마실 경우 그 자랑스러운 콧수염이 젖거나 더러워진다는 문제가 있었습니다.

그래서 도자기업체에서는 콧수염 받침이 달린 '콧수염 찻잔(Mustache Cup)'을 제조합니다. 또 영국보다 빨리 콧수염이 유행했던 독일과 프랑스에서 들어온 콧수염 찻잔도 판매되기 시작했습니다. 여성과 함께 애프터눈 티를 마실 수 있도록 여성이 사용하는 찻잔과 같은 우아한 디자인에서부터 가정에서 사용하는 간소한 머그잔까지 각양각색의 콧수염 찻잔이 제조되어 콧수염을 기르는 남성들 사이에서 크게 유행했습니다.

● 노동자 계층의 가정에서 사용되었던 콧수염 찻잔(Mustache Cup) (업체 불명).

● 여성의 찻잔과 디자인을 맞춘 콧수염 찻잔은 여성과 함께 티타임을 즐기기 위한 용도로 많이 제작되었습니다 (영국제/19세기 후반).

● 프랑스제의 여성용 찻잔과 남성용 콧수염 찻잔의 세트 (하벌랜드/1862년).

노동자 계층에 정착한 하이 티 문화

금주운동은 일터뿐만이 아니라 가정 안에서도 이루어졌습니다. 여성들은 귀가 후 선술집에 가려고 하는 남성에게 홍차를 권했습니다. '첫 번째 잔에서는 향기를', '두 번째 잔에서는 맛을', '세 번째 잔에서는 몸에 좋은 마지막 한 방울을'이라는 말로 남성에게 적어도 세 잔 이상의 홍차를 마시게 했습니다. 그렇게 하자 선술집에 가더라도 맥주를 덜 마시게 되어 저절로 음주량이 줄어들었습니다. 선술집에서도 홍차를 제공하는 경우가 늘어났습니다. 그런 19세기 후반, 북잉글랜드와 스코틀랜드의 시골 노동자 계층 사이에서 정착한 것이 밤에 마시는 '하이 티(High Tea)'라고 불리는 홍차입니다. 오후 5시에서 6시 사이, 남성이 직장에서 귀가한 뒤부터 하이 티 타임이 시작되었습니다. 일을 끝낸 후 선술집에서 쉬는 것이 아니라, 가족과 함께 저녁 식사에서 쉼을 갖자는 목적을 가진 티이기도 했습니다.

하이 티타임의 메뉴로는 구운 소고기와 닭고기, 볶은 달걀, 훈제 햄, 훈제 청어, 코니시 페이스티, 샌드위치, 스콘, 크럼핏, 머핀, 샐러드, 치즈 등으로 저녁 식사처럼 푸짐하고 열량이 높은 음식이 많았습니다. 여기에는 당연히 홍차가 곁들여졌습니다.

하이 티의 어원은 응접실에 놓인 등받이가 높은 의자에서 왔다고 하는 설, 상류층의 애프터눈 티가 응접실에서 낮은 탁자를 사용한 데 반해 노동자 계층에서는 높이가 높은 탁자를 사용한 것에서 유래되었다는 설, 애프터눈 티에 비해 제공되는 음식이 열량이 높은 음식이었기 때문이라는 설 등 여러 설들이 있지만 확실한 것은 알지 못합니다. 다만 확실한 것은 상류층이 여는 고급스럽고 우아한 애프터눈 티와는 다른 티타임이었다는 것입니다.

노동자 계층에게 본차이나의 티세트는 고가였기 때문에 크림웨어를 중심으로 자기로 된 찻잔을 많이 사용했습니다. 적당한 음주와 홍차 생활. 홍차는 오랜 세월에 걸쳐 노동자 계층의 사람들에게는 생활에 빼놓을 수 없는 물품이 된 것입니다.

『비턴 부인의 가정서』

레시피 책의 원형

동경했던 홍차가 일상이 된 중산층의 부인들은 차 예절을 배울 필요가 생겼습니다. 많은 부인들이 책을 읽고 지식을 쌓았습니다. 그중 가장 인기가 많았던 책이 이사벨라 메리 비턴(Isabella Mary Beeton)이 1861년에 출판한 『비턴 부인의 가정서』입니다. 그녀는 잡지 편집자였던 남편의 일을 도와 <영국 부인의 가정 화보>지에 1859년부터 2년간, 요리와 가사에 관한 기사를 집필합니다. 그걸 정리해서 단행본으로 만든 것이 『비턴 부인의 가정서』입니다.

빅토리아 왕조 당시의 일반 가정에서는 이 책을 기본서처럼 여겼습니다. 책에는 복장, 육아, 출산, 약학, 철학, 하인을 다루는 방법에서 요리의 조리법까지 다채로운 내용이 담겨 있었습니다. 발매 초기에는 1년에 5만 부가 판매되었습니다. 게재되어 있는 900개 이상의 조리법 중 대부분은 글 내용에 맞게 채색한 그림이 곁들여져 현재에 사용되는 레시피 책의 원형이 되었다고 말할 수 있습니다.

비턴 부인의 골든 룰이란?

비턴 부인이 기록한 홍차를 우리는 '골든 룰'은 다음과 같습니다.
❶ 물을 확실히 끓인다.
❷ 찻잎의 양은 1인당 티스푼 한 술을 티포트에 넣는다.
❸ 끓인 물을 티포트에 넣고 예열한다. 2~3분 뒤, 티포트가 데워지면 물을 버린다.
❹ 티포트에 필요한 양의 홍차를 넣고 우린 물을 따른다.

비턴 부인을 비롯, 빅토리아 왕조의 수많은 요리 연구

● Mrs Beeton's Book of Household Management : Abridged Edition" (Oxford Univ Pr/2008년)

가들의 주장을 집대성시켜 완성한 것이 현재 사용되고 있는 '골든 룰'입니다. 내용은 다음과 같습니다.
❶ 상황에 맞는 양질의 홍차와 다과를 준비한다.
❷ 뚜껑이 달린 티포트를 예열하여 사용한다.
❸ 찻잎을 정확하게 계량한다. (1인분에 3g이 적당)
❹ 적당한 온도로 끓인 물을 사람 수대로 따른다.
   (1인분에 170cc가 적당)
❺ 찻잎에 맞춰 우리는 시간을 잰다.

홍차는 사용하는 물의 수질(특히 경도)에 따라 색과 향, 맛이 크게 차이가 나는 음료입니다. 물이 경수인 영국과 연수인 한국과 일본의 홍차는 동일한 맛을 낼 수 없습니다. 한국과 일본에서 맛있는 홍차를 우릴 때에는 티스푼으로 인원 수만큼 찻잎을 넣습니다. 그리고 가능하면 다 우려낸 홍차는 차에서 꺼내 떫은맛이 안 나도록 합니다.

 ## 『The Bird Of Dawning』

빅토리아 왕조 시대, 영국인을 열광하게 한 클리퍼 경주. 중국에서 영국까지 신차를 보다 빠르게 운반하기 위해 장렬하게 벌어지는 경주의 무대 뒷이야기를 그린 것이 존 메이스필드(John Edward Masefield)의 소설 『The Bird Of Dawning』입니다.

거친 바다, 조난, 거듭되는 고난을 이기고 이 클리퍼선은 가장 먼저 도착하는 영예를 얻을 수 있을까요? 역사상 최고의 경주를 방불케 한 도버 해협에서 라이벌과 경쟁하는 배를 타 보지 않고서는 알 수 없는 선상 생활이 자세하게 묘사됩니다. 차를 마시며 클리퍼선을 기다린 영국인처럼 홍차와 함께 읽기 좋은 책입니다.

● 『The Bird Of Dawning』 (후쿠인칸(福音館) 서점/ 『나와타리호 최선두』(일본판)/1967년)

제6장

생활 속으로 스며든 새로운 찻잔

아트 앤 크래프트 운동

노동자 계층까지 홍차가 널리 퍼졌던 빅토리아 왕조 시대.
홍차가 생활에 스며들면서 찻잔 종류도 현격하게 증가하기 시작했습니다.
기계화된 공산품으로만 이루어진 생활에 위기감을 느낀
사람들 사이에서는 수제품의 장점을 다시 보자고 하는
'아트 앤 크래프트 운동'이 전개되기도 했습니다.

육아 차(Nursery Tea)의 유행

모든 계층의 사람들 사이에 홍차가 보급되면서 홍차는 아이들에게도 중요한 음료가 됩니다.
이 시대에 시작된 것이 '크리스닝 티(Christening Tea)'입니다. 아이들의 세례명 의식이 끝난 뒤 마시던 애프터눈 티를 달합니다. 신생아에게는 크리스닝 가운이라고 하는 흰 가운을 입히고 건강과 부귀를 기원하며 홍차에 적신 레이스 손수건을 입에 대 주었습니다.
아이들이 하루 중 가장 오래 있는 장소인 아이들 방에서 이루어지는 티타임을 '육아 차(Nursery Tea)'라고 부릅니다. 특히 여자아이에게 18세 이전까지의 차 교육은 매우 중요하게 여겨졌습니다.

● 어린아이도 엄마를 흉내 내어,
  티타임의 안주인 흉내를 냈을 것입니다.

● 하얀 가운을 입힌 아기와 크리스닝 티. 일생 동안 홍차를 마실 수 있는 윤택한 환경에 살 수 있도록 기도했습니다 (The Illustrated London News / W.C. Tdobson 작품 / 1872년 5월18일).

성인이 된 상류층 소녀는 궁정에서 여왕을 알현하면서 정식으로 사교계에 데뷔했습니다. 중산층 이하의 경우에도 성인이 된 여성은 머리를 틀어 올리고 옷자락이 긴 드레스를 입고 코르셋을 입는 등 복장이 변화했습니다. 이를 통해 의상에 어울리는 행동을 하도록 규제하고, 성인 여성으로서 적절한 품행을 요구했습니다. 또, '티를 우릴 수 있으면 시집갈 수 있다'는 말에서 알 수 있듯이, 여자아이가 성인이 되면 애프터눈 티를 운영할 수 있는 사교술을 익혀 두어야 했습니다. 아이들 방에서 열리는 육아 차 시간은 여성을 교육하는 데 중요한 항목이었던 셈입니다.

아이들끼리의 놀이에 있어서도 티타임의 소꿉놀이는 가장 인기 있는 놀이였습니다. 또한 인형놀이를 할 때에도 티타임을 즐기는 모습을 따라했습니다. 프랜시스 호지슨 버넷의 소설 『소공녀』(1888년)에서도 주인공 세라가 인형을 상대로 여는 티타임 장면이 그려져 있습니다.

● 어려도 마음은 숙녀. 육아용의 티세트 수요도 증가했습니다 (F Mayer Boot & Shoe사의 광고).

● 어린 신사 숙녀의 아침 식사 놀이. 소꿉놀이 중에서도 티타임이 가장 많이 진행되었습니다.

성인용으로 만들어진 찻잔은 아이가 사용하기엔 너무 컸습니다. 그래서 아이들 손에 맞게 작은 크기의 육아용 티세트와 인형용 티세트가 생산되었습니다. 이 육아용 티세트의 수요는 해가 갈수록 증가해서 귀여운 무늬의 그릇이 많이 생산되기에 이릅니다.

● 일본에서도 인기 있는 피터 래빗을 그린 육아용 티세트.

● 어린이에게도 친숙한 『빨강 머리 앤』 등의 동화를 그린 육아용 티세트(업체 불명, 1920년대).

티 교육을 받은 아이들은 집 안에서뿐만이 아니라 야외에서도 티타임을 즐겼습니다. '절대금주운동' 이후 정부는 은동장, 도서관, 박물관 등 돈이 들지 않는 휴일의 오락시설을 구축했습니다. 공원을 만드는 것은 그 정책 중 하나였습니다. 누구나 사용할 수 있는 공원이 만들어지자, 가족이 함께 즐기는 '피크닉 티(Picnic Tea)'가 유행하기 시작합니다. 주말이 되면 사람들은 공원을 중심으로 자연 속에서 차를 즐겼습니다.

피크닉 티는 학교의 행사에도 활용되어 아이들에게도 큰 즐거움을 선물했습니다. 피크닉 바구니에 티세트와 물을 끓이는 도구를 넣고, 잔디 위 돗자리에서 오후를 즐기는 티타임은 화목한 가족의 상징이 되었습니다. 고

● 출처 불명 (디지털 리프린트/2004년).

급 식료품의 취급점인 포트넘 & 메이슨사가 판매하는 피크닉 바구니, '햄퍼(Hamper)'는 대중 소설가 찰스 디킨스(1812~1870)의 소설 속에도 묘사될 정도로 인기였습니다.

● 야외에서 즐기는 티타임은 화목한 가족의 상징이 되었습니다
(The Illustrated London News, 1880년 9월4일).

- 작은 시골집에서의 티타임. 공원뿐만이 아니라 자택 정원에서의 피크닉 티도 인기였습니다.

- 야영지에서의 티타임 (The Graphic / 1870년 7월 16일).

- 휴일에는 햄퍼 안에 마음에 드는 다과를 넣어서 피크닉 티와 드셔 보세요. 자연을 사랑하는 영국인의 생활 방식은 현재에도 이어지고 있습니다.

- 포트넘 & 메이슨사의 피크닉 바구니 '햄퍼'는 현재에도 연간 2만 개나 팔리는 인기 상품입니다.

홍차 점의 유행

홍차가 보급되고 일상화되면서 '홍차 점'도 등장합니다. 찻잔 안에 마지막으로 남은 찻잎 찌꺼기로 운세를 점친다는 이 점은 여성들 사이에서 크게 유행했습니다. 홍차 점을 전문으로 하는 로마인 점쟁이도 등장했고, 차를 마실 때면 점쟁이를 불러 재미로 점을 치는 일도 자주 있었습니다. 물론 몰래 점쟁이를 집에 초대해서 연애 상담을 하는 여성도 있었다고 합니다. 중산층 이하의 경우에는 점치는 방법을 알아내어 직접 친구 사이와 가족의 홍차 점을 치기도 했습니다.

● 로마 여성에게 점의 결과를 듣는 여성. 홍차 점은 많은 여성들의 마음을 사로잡았습니다 (그림엽서/1918년 소인).

● 홍차 점 해설서도 출판되었습니다. 당시 점을 쳤던 방법은 칼럼 100항에 실려 있습니다 (1952년).

홍차 점은 영국인의 생활에 정착해서 각 메이커는 '포춘 찻잔'이라고 하는 홍차 점 전용 찻잔이 생산되었습니다. 홍차 점을 그린 고미술 작품이 많이 남아 있는 것을 보면, 이 시대에 홍차가 사람들의 생활에 밀착되어 있었다는 것을 알 수 있습니다.

J. K. 롤링의 인기 소설 『해리포터와 아즈카반의 죄수』 편에도 홍차 점이 등장합니다. 마법 학교 수업의 일환으로 홍차 점 수업이 진행되는 것이지요. 해리의 찻잔 안에 남은 차 찌꺼기는 개의 형태를 띠면서 숙명의 대결을 예언하는데, 이후 그 예언은 실제로 이루어집니다. 덧붙이면 홍차 점은 지금도 사용되고 있으며, 영국의 완구점에 가면 홍차 점 전용 찻잔이 판매되고 있습니다.

차 마시는 일이 일상이 되었다는 것을 상징하는 찻잔은 또 있습니다. '사랑의 잔(Loving Cup)'은 좌우 양쪽에 손잡이가 달린 찻잔입니다. 이 잔은 원래 환자를 위해 만들어진 잔이었습니다. 침대 안에서 홍차를 마실 때 흘릴 위험이 있었기 때문에 안정감을 주기 위해 두 개의 손잡이가 달린 것입니다. 하지만 이후 차 마시는 일이 유행하게 되면서 친한 사람들끼리 홍차를 돌려 마실 때 많이 사용되었습니다. 이 때문에 '연인들의 러빙컵'이라고도 불리게 되었습니다. 홍차 점으로 멋지게 사랑을 이루어 낸 연인들은 러빙컵으로 사랑을 견고히 했을지도 모릅니다.

● 빅토리아 왕조를 대표하는 호화로운 양손잡이 찻잔 (앞쪽 : 코울돈/1902~1920년, 뒷쪽 : 민턴/1920~1951년).

● 환자용으로 사용할까, 친목용으로 즐길까? 사용 방법을 고민하기에 즐거운 양손잡이 찻잔 (앞쪽 : 민턴/1890년, 오른쪽 : 스태퍼드셔/1912~1939년, 왼쪽 : 업체 불명)

아트 앤 크래프트 운동의 발단

19세기 후반, 산업혁명에 의한 공업화가 진행되면서 시장에는 대량 생산에 의한 싼 상품으로 넘쳐났습니다. 하지만 그와 함께 '공산품은 옛날부터 전해져 온 장인의 기술을 버리는 것과 같다', '노동자가 기계의 노예가 되어 버린다'는 견해도 생겨나게 되었습니다. 그로 인해 간단하게 물건을 사고 버리는 것이나 풍요로운 삶을 누리게 되면서 필요 이상으로 과도한 장식을 찾는 것에 비판적인 시각을 갖게 되었습니다. 그래서 사람의 기술과 용도의 아름다움이 집결된 중세의 고딕 양식으로 회귀하는 운동이 일어납니다. 이와 같은 예술 활동은 '아트 앤 크래프트 운동'이라고 불리면서 많은 예술가의 주목을 받게 됩니다.

1875년에 모리스상회를 개설한 윌리엄 모리스(1834~1896)도 그 생각에 공감하는 한 사람이었습니다. 그는 눈에 들어오는 모든 것을 자신의 취향대로 바꾸기 위해 회사에서 직접 벽지와 천, 가구 등을 만들어 회사와 자택을 꾸몄습니다. 그의 높은 미의식은 많은 사람에게 영향을 주었지만, 이 수제품들은 공산품에 비해 무척이나 고가였기 때문에 노동자들은 접할 수가 없었습니다. 아이러니하게도 그 역시 경제적인 사정으로 인해 자신이 꾸며놓은 집에 살 수 없게 됩니다. 그러나 생활과 예술을 일치시키려고 했던 모리스의 생각은 영국 외의 사람들에게도 크게 자극을 주었고, 나중에 유행하는 아르누보에도 영향을 주었습니다.

● 보이는 모든 것을 아름답게. '지상의 낙원'을 주제로 만들어져, 윌리엄 모리스의 이상이 담긴 '빨간 집'. 하지만 모리스 본인은 5년이라는 짧은 기간 동안만 이 집에 살았습니다.
많은 예술가들이 자신의 이상을 담아 만든 이 빨간 집은 지금도 영국의 인기 관광지입니다. 건물의 외벽 그리고 장식에도 사용되고 있는 '빨간 벽돌'은 당시 공공 기관과 귀족의 건물에만 사용되던 사치품이었습니다. 그래서 이 저택은 '빨간 집'이라는 애칭으로 불렸습니다. 중세 고딕을 재현한 아치와 스테인드글라스, 태피스트리의 실내장식이 훌륭합니다.

아트 앤 크래프트 운동은 도자기 산업에도 영향을 미칩니다. 민턴 요업의 2대 계승자였던 허버트 민턴은 온 생애에 걸쳐 중세 상감 타일 재현에 힘을 쏟아부었습니다. 당시 재현이 불가능할 것이라고 여겨졌던 이 기술을 재현하려는 그의 노력과 열정에 버팀목이 되어 준 사람은 건축가 오거스터스 퓨진과의 우정이었습니다. 두 사람은 중세의 가마에 남아 있던 타일 파편에 관심을 갖게 되면서 그 훌륭한 조형에 매료되어 재현을 직접 시도하게 됩니다.

타일 바탕에 색점토를 박아 넣는 기술은 수없이 반복되는 시도를 통해 이루어지는 어려운 일이었습니다. 그럼에도 허버트는 민턴 요업의 기술을

● 빨간 집의 복도 내부.

● 빨간 집의 현관 내부.

● 색이 다른 점토를 사용하여 타일을 제작하는 작업은 매우 어려웠습니다 (민턴/19세기 후반).

● 민턴의 고딕 스타일은 국회의사당의 홀, 오즈번하우스의 홀 등, 영국의 여러 건물에 이용되었습니다 (민턴/19세기 후반).

구현하기 위해 도전한 것입니다. 퓨진은 세 잎 장식(trefoil)과 네 잎 장식(quatrefoil)이라는 고딕 도안을 바탕으로 빨강, 파랑, 녹색 등의 다채로운 색을 사용해서 한 장의 타일에 가톨릭 정신을 표현했습니다. 이와 같은 도전은 그 후 민턴 요업의 찻잔 디자인에도 큰 영향을 주었습니다. 제5장에서 소개한 옛 이와사키 저택에 배치된 네 잎 장식을 중심으로 한 타일은 이와 같은 시대의 흐름에서 탄생한 것입니다.

또한 로열 돌턴 요업의 2대째인 헨리 돌턴은 '아티스트에 의한 자유로운 디자인'을 주제로 람베스 미술학교의 졸업생을 중심으로 한 아틀리에를 창설합니다. 이곳에서 그는 하나뿐인 창작 도자기를 기획하기 시작합니다. 동양의 도자기를 모방하는 것에서 시작되어 대량 생산만을 염두에 두던 당시의 도자기 산업에서 이 도전은 신선한 바람이었습니다. 돌턴 요업의 작품이 파리에서 개최된 만국박람회(1878년)에서 금상을 받자, 다른 요업도 디자인을 기획하도록 하여 작품성이 높은 제품을 만드는 일에 힘쓰게 됩니다. 1887년 헨리는 도자기 업계에서는 최초로 빅토리아 여왕에게서 '기사' 작위를 받습니다. 그 후 돌턴 요업은 본거지를 스토크온트렌트로 옮기고 사업을 확대했습니다.

자포니즘의 유행

오랫동안 쇄국을 계속해 온 일본은 동남아시아를 지배하고 중국까지 굴복시킨 영국인에게 최후의 보루였습니다. 약 260년간 계속되었던 쇄국을 푼 일본은 1862년에 런던에서 개최된 두 번째 만국박람회에서 주목을 받았습니다. 유감스럽게도 일본이라는 한 국가로서 참가한 것이 아니라 한 일본인이 초대 주일대사인 올코크가 모아 둔 작품을 부스에 전시하는 형태였습니다. 전시된 것은 올코크가 자비로 구입한 머리 장식과 띠 장식, 도

● 일본을 주제로 천황의 이름을 붙인 찻잔
(로열 크라운 더비/1946년).

● 부채와 배가 그려진 자포니즘의 찻잔
(민턴/1880년대).

● 기모노 모습의 여성을 그린 타일 (민턴/19세기 후반).

자기, 칠기, 칠보, 견직물, 우산, 부채 등 생활 용구가 대부분이었습니다. 이들은 이미 공업화가 진행된 영국에서는 생각할 수 없을 정도의 섬세한 수작업으로 세공된 도예품들이었습니다. 서양의 것과는 다른 좌우대칭의 무늬, 대담한 구도의 목판화와 우키요에도 신선하게 비춰졌습니다. 국왕 조지 3세로부터 1788년에 로열 칭호를 하사 받은 로열 우스터 요업에서는 이 당시 이미 일본을 의식한 문양의 찻잔을 제작하고 있었습니다. 민턴 요업의 계약 디자이너인 크리스토퍼 드레서(Christopher Dresser)는 일본의 가문 문장과 새 등을 소재로 한 디자인을 많이 제공했습니다. 장식을 에나멜 물감으로 그린 드레서의 독자적인 칠보풍 접시와 항아리는 도자기 업계에 충격을 주었습니다. 드레서의 디자인은 식기라는 틀을 넘어서 가구와 타일 등의 분야에서도 활약했습니다.

서양의 발전된 공업 문화를 배우고 세계에서 일본의 지위를 높이기 위해

● 부채와 복숭아꽃을 소재로 한 자포니즘 작품. 찻잔의 다리도 동양적입니다 (웨지우드/1884년).

● 나비 그림은 자포니즘 작품의 소재로 인기가 많았습니다 (로열 우스터/1891년).

1871년에 일본을 출발한 '이와쿠라 사절단'은 영국에 4개월간 체류하며 기계가 도입된 여러 도자기 업체들을 견학했습니다. 서양의 요업체에서 제작되는 일본풍의 작품을 본 이와쿠라 사절단의 보고는 나중에 일본 자기 제조의 근대화와 수출용 식기 디자인에 큰 영향을 주었습니다.

1877년, 일본과 영국의 관계가 밀접해지자 드레서는 일본을 방문합니다. 우에노 박물관(현 도쿄 국립 박물관)의 설계는 영국인 건축가 조사이어 콘더가 맡게 됩니다. 드레서는 일본 정부로부터 건물의 내부를 장식하는 영국 상품(민턴 요업과 돌턴 요업의 장식 접시 등)의 운송을 의뢰 받게 됩니다. 드레서의 일본 방문은 그의 자포니즘 디자인을 더욱더 향상시킨 계기가 되

● 매화 문양을 기조로 한 찻잔 (로열 우스터/1900년대 초).

었습니다.

시누아즈리에서 시작되어 일본 문화의 유행으로까지 이어진 이 '자포니즘 붐'은 일본의 도자기, 골동품 등으로 장식한 인테리어를 사람들의 사회적 지위로 여기도록 했습니다. 상류층과 같이 진품을 장식할 수 없는 중산층은 비슷하게 만든 모조품을 사용하거나 비교적 싸게 손에 넣은 대중 예술품인 부채 등을 방에 장식하거나 하여 그 분위기를 즐겼습니다. 당시의 애프터눈 티에서는 일본의 기모노를 재활용한 티 가운도 유행했다고 합니다.

● 1873년에 빈에서 열린 만국박람회의 로열 우스터 요업 부스 (The Illustrated London News/1873년).

● 19세기 후반의 일본의 분위기 (Orental & Occidental Tea사의 전단지).

- 자포니즘을 주제로 한 실내장식. 실내장식에 제등기 사용되고 있습니다. 타일을 사용한 난로 장식도 당시의 유행입니다.

- 기모노를 입은 여성 (그림엽서/소인 1907년).

- (위) 크리스토퍼 드레서가 디자인한 접시. 테두리에 그린 것은 동양적인 소재인 매화와 대나무, 연꽃 문양입니다.
- (아래) 자포니즘으로 인해 병풍과 부채와 같은 일본적인 물품이 티타임에도 등장합니다 (The Illustrated Sporting And Dramatic News/1883년 11월24일).

● 자포니즘 붐 시대의 홍차 광고. '차'에는 역시 동양적인 요소가 요구되었던 것 같습니다 (The Graphic Royal Wedding Number/1894년 4월28일).

제6장. 생활 속으로 스며든 새로운 찻잔

● 골든 쥬빌리 의식에서 빅토리아 여왕은 검은 천으로 된 옷에 레이스를 두르고 국민의 앞에 모습을 나타냈습니다. 이 레이스는 최고로 사랑했던 남편 앨버트 공과의 결혼식에서 입었던 드레스의 레이스를 리메이크한 것이었습니다. (1887년판)

빅토리아 여왕의 즉위 60주년 – 여왕의 부활

오랫동안 국민 앞에 모습을 보이지 않았던 여왕이었지만 1887년의 '골든 쥬빌리(즉위 50주년 기념식)' 때는 국민의 열망에 부응하여 공식 장소에 등장합니다. 하지만 마차를 타고 국민 앞에 나타난 여왕은 독특한 보넷 모자에 순백 레이스로 가장자리를 두른 검은 비단의 옷을 입은 채 등장해 국민에게 실망을 안겨 주었습니다.

그 10년 후 여왕은 '다이아몬드 쥬빌리(즉위 60주년 기념식)'를 맞이했습니다. 버킹엄 궁전에서 세인트폴 대성당까지 이어지는 마차 퍼레이드에 국민들은 열광했습니다.

"내 사랑하는 백성들에게 진심으로 감사합니다. 신의 은총이 있기를!"

여왕의 이 말은 대영제국의 구석구석까지 전해졌습니다.

여왕은 이날 열린 만찬회에서 인도에 특별히 주문한 황금 자수가 놓아진 화려한 드레스와 인도와 남아프리카 등 제국 각지에서 온 다이아몬드 및 온갖 보석을 몸에 걸쳤습니다. 여왕이 상복을 벗은 것은 앨버트 공이 사망한 이래로 처음이었습니다. 마지막 순간에 아름답게 나타난 여왕의 모습은 국민의 눈에 깊이 새겨져서 많은 초상화가 나돌았습니다.

다이아몬드 쥬빌리의 기념식을 의뢰 받은 곳은 창업한 지 불과 1년밖에 안 된 앨버트 요업이었습니다. 창업자인 와일드 부자가 왕실을 너무 사랑한 나머지 빅토리아 여왕의 남편인 앨버트 공과 여왕의 손자 앨버트 조지 왕자(후의 조지 5세 : 1865~1936)의 이름을 따라 붙인 요업이었습니다. 당시 이미 창업 100주년을 맞이하는 요업체들이 많았지만, 앨버트 요업은 '세계에서 가장 싼 본차이나 제품을 만든다'는 신조로 많은 노동자의 편이 되어 주었습니다. 그 정신을 흡족히 여긴 왕실로부터 명예로운 의뢰가 온 것이었습니다.

여왕이 재등장하여 연 파티에서 접대한 다과도 화제가 되었습니다. 스펀지케이크 안에 잼만 끼워 넣은 심플한 케이크는 남편이 살아 있을 때 여왕이 손수 만들었던 것이라고 합니다. 파티 후 이 케이크는 '빅토리아의 샌드위치'라고 불리게 되었고, 그 조리법은 순식간에 일반 가정에도 퍼졌습니다.

● 빅토리아의 샌드위치는 현재에도 애프터눈 티의 기본적인 다과입니다.

1901년 여왕은 남편과의 추억이 가득 담긴 오즈번하우스에서 조용히 숨을 거두었습니다. 국민의 평균 수명이 60세 전후였던 이 시대에 82세로 장수를 했던 여왕. 18세에 즉위해서 그 아름다움과 가련함으로 국민을 사로잡았던 여왕은 영국 황금 시대의 상징이 되었습니다.

17세기 중반, 네덜란드를 경유해서 중국에서 운반되어 온 '차'는 매력이 넘쳤지만 터무니없이 비싼 음료이기도 했습니다. 영국인들은 그 차를 한 잔 마시기 위해 중국과 인도, 실론 등 수많은 나라에 자유무역의 창구를 열었습니다. 당시 '세계의 공장'으로 많은 이익을 올린 영국에서 누구나 아침부터 늦은 밤까지 홍차를 마실 수 있었던 것은 이 홍차 문화가 위대한 여왕의 시대에 전승기를 맞이했기 때문입니다.

『The Tale of the Pie and the Patty Pan』

자연이 풍부한 호수 지방을 무대로 그려진 비어트릭스 포터의 그림 동화책『피터 래빗 이야기』는 전 세계에서 사랑을 받고 있습니다. 그중에 빅토리아 왕조의 티타임을 주제로 한『The Tale of the Pie and the Patty Pan』(1905년)이 있습니다. 고양이인 리비는 오후의 티타임에 개 다체스를 초대합니다. 리비는 방 청소를 열심히 하고 손수 파이를 굽고 식탁에는 식탁보를 깔고 꽃무늬 티 세트를 준비합니다.
그 전에 장을 보러 나간 리비는 다체스와 거리에서 마주치게 됩니다. 하지만 둘은 멈춰 서서 이야기를 나누지 않고 가볍게 머리 숙여 인사만 하고 헤어집니다.

"이야기는 곧 차를 마시면서 나누면 되기 때문이죠."

애프터눈 티는 사교가 가장 큰 목적입니다. 그 때문에 빅토리아 왕조 시대에는 친교를 깊게 하는 대화는 서서 이야기하지 말고 차를 마시면서 나누자는 생각을 가졌던 것을 알 수 있습니다. 리비와 다체스의 티타임에서는 리비가 손수 만든 파이를 둘러싸고 큰 소동이 일어나기도 합니다. 이 모습에는 당시 티타임의 흐름이 잘 표현되어 있습니다. 피터 래빗의 이야기는 어린이를 상대로 그려졌지만 어른이 읽어도 재미있는 이야기입니다. 다시 읽어 보면 어렸을 때는 몰랐던 사실을 새로이 발견할 수 있을 것입니다.

● (왼쪽) 애프터눈 티는 초대장을 보내는 일에서부터 시작합니다 (비어트릭스 포터/1930년대판).

● (아래) 하얀 식탁보와 예쁜 티세트 (비어트릭스 포터/1930년대판).

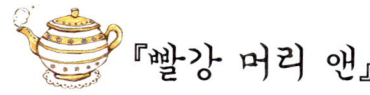
『빨강 머리 앤』

루시 모드 몽고메리의 작품 『빨강 머리 앤』이라는 소설의 무대는 캐나다의 프린스에드워드 섬입니다. 1869년까지만 해도 캐나다는 영국의 식민지였습니다. 몽고메리의 선조는 스코틀랜드에서 온 이민자로 이야기 속에 그려진 19세의 말의 생활도 영국계 캐나다인의 모습입니다. 수없이 등장하는 티타임 장면도 영국식 티타임의 모습을 그린 것입니다.

앤은 양어머니인 마릴라에게 친한 친구인 다이애나를 티타임에 초대하는 허락을 받고 다음과 같이 말합니다.

"티타임에 초대한다는 것은 어른스러워서 멋지지 않나요? 걱정마세요, 차를 우리는 것을 까먹거나 하진 않을테니까요. 아, 마릴라, 장미 꽃봉오리 모양이 들어간 찻잔 세트를 사용해도 좋을까요?"

"터무니없는 소리 하지 마, 안 돼! 장미 모양 찻잔이라니, 그건 목사님을 초대할 때나 부인회 때만 사용하는 것이라고 알고 있잖니? 갈색 찻잔으로 하거라."

애프터눈 티의 상징인 꽃무늬의 자기 티세트를 동경하는 앤, 어린이의 티타임에는 평소에 사용하는 자기로 된 찻잔으로 충분하다는 마릴라, 두 사람의 심정이 나타나 있는 대화입니다. 덧붙여 말하면 목사 부처를 초대해서 정식으로 여는 티타임 때는 집 안에서 가장 고가인 자기 티세트를 내고 있습니다.

손님의 연령과 관계에 따라서 티세트를 분리해서 사용하는 일은 현대의 티타임에도 필요한 문화입니다. 앤 시리즈에는 3장에서 소개한 '월로 문양'의 대접시도 등장합니다. 이야기에 맞춰서 사용되고 있는 도자기에도 주목해 보세요. 앤 시리즈에서도 알 수 있듯이 영국의 홍차 문화는 많은 영국 이민자의 손에 의해 여러 나라에 소개되어 세계 각국으로 퍼져 나갔던 것입니다.

홍차 점

19세기 말에 대유행

19세기 말, 영국에서 대유행했던 '홍차 점'은 나중에 미국 등에도 파급되어 관련 서적도 많이 출판되었습니다. 다양한 방법 가운데 이 홍차 점은 다음과 같이 진행되었습니다.

❶ 찻잔에 차 찌꺼기와 함께 홍차를 따릅니다.
❷ 점칠 것을 염두에 두고 홍차를 즐깁니다.
❸ 찻잔에 홍차를 한 모금 정도 남기고 찻잎 찌꺼기를 모읍니다.
❹ 찻잔을 왼쪽으로 3회 돌리고 나서 찻잔을 받침 위에 뒤집어 가볍게 두드리고 남은 찻물을 덜어 냅니다.
❺ 잠시 후, 찻잔을 들어 올리고 남은 찻잎 찌꺼기의 형태로 점칩니다.

1 사랑 점을 쳐볼까? (Great Atlantic & Pacific Tea 사의 전단지/1886년)

2 티 가운을 입은 귀부인. 점의 결과는 어땠을까요? (Harper's Bazar/1896년 2월22일)

3 어린이에게도 인기가 높았던 홍차 점 (그림엽서/소인 1915년).

4 가족과 함께 점을 치는 장면 (The Graphic/1894년 4월14일).

5 로마인 점쟁이의 해설에 귀를 기울이는 아가씨 (1870년).

6 찻잔 안에 어떤 미래가 보이나요? (1897년)

7 티타임에 즐거움을 주었던 홍차 점은 홍차 회사의 광고에도 자주 사용되었습니다 (The Illustrated London News/1894년 1월6일).

포춘컵

잔의 우측에 있는 모양은 '미래', 좌측은 '과거'를 나타낸다고 합니다. 차 찌꺼기가 잔 가장자리에 모이면 가까운 미래를, 바닥에 있으면 어느 정도 먼 미래를 암시합니다.

찻잎 찌꺼기는 수목과 꽃, 동물, 물고기와 벌레, 건물과 배, 때로는 마음을 나타내는 것처럼 하트나 스페이드 모양 등 여러 가지 형태로 보였습니다. '개의 형태라면 좋은 친구를 만난다', '고양이의 형태로 보인다면 배신을 당한다', '말의 형태라면 소원이 이루어진다' 등 여러 형태가 각각의 운세를 의미했습니다.

홍차 점이 유행하자 각 제조사들은 점치는 찻잔인 '포춘컵'을 제조하기 시작합니다. 안쪽에 홍차 점의 내용이 그려져 있는 것이 특징으로 이것이 점치는 기분을 고조시키는 데 한몫했습니다.

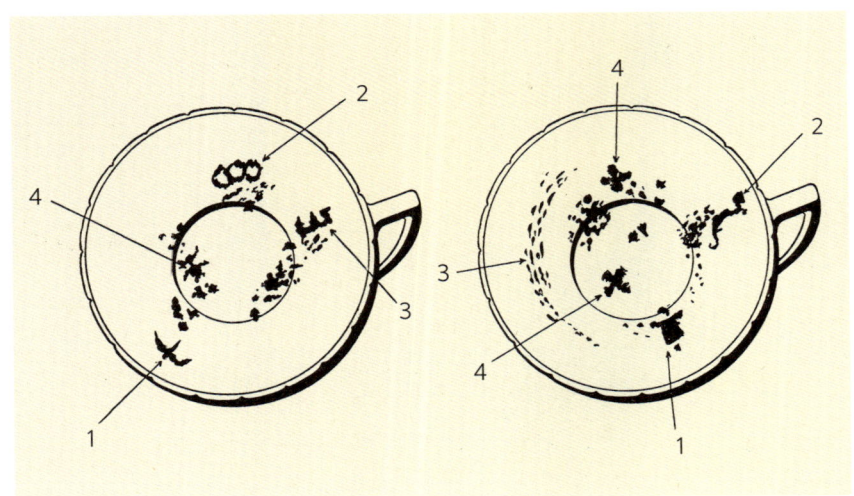

- 당시의 점 해설서에서 실제로 점의 결과를 확인해 보세요
  출처: 립턴사의 홍차 점 도서(1934년)

  · 왼쪽 찻잔 : 1. 새(행운), 2. 사슬(조혼), 3. 문자(이름이나 이니셜), 4. 거미(예기치 못한 상속 재산)
    4개를 종합한 점의 결과 → 가까운 장래에 북동쪽에서 좋은 소식이 온다. 결혼하면 양가의 상속 재산이 들어올 가능성 있다. 이름에 'E'가 들어간 인물이 열쇠를 쥐고 있다.

  · 오른쪽 찻잔 : 1. 모자(성공), 2. 뱀(불행), 3. 선(여행), 4. 십자가(불행 뒤 영광)
    4개를 종합한 점의 결과 → 병이나 불행이 있지만 소소한 행복을 따라 여행을 떠나면 좋다. 여행을 나타내는 선이 구부러져 있으므로 여행을 중단하고 싶어질 수도 있지만, 그렇게 하면 불운한 일이 일어난다. 최종적으로는 좋은 일이 있기 때문에 걱정하지 말고 여행을 계속하는 것이 좋다.

- 찻잔 안쪽에는 홍차 점에 사용되는 찻잎 찌꺼기의 모양 그림 그려져 있습니다 (파라곤 / 1930년대).
- 영국의 완구점에서는 지금도 포춘컵이 해설서와 함께 판매되고 있습니다.

- 트럼프 무늬의 희귀한 포춘컵 (업체 불명 / 1920년대).
- 가장 먼저 포춘컵의 제작을 시작한 아인슬레이의 찻잔. 그려진 각각의 행성은 태양-일요일, 달-월요일, 화성-화요일, 수성-수요일, 목성-목요일, 금성-금요일, 토성-토요일의 운세를 뜻합니다 (아인슬레이/ 1926년).

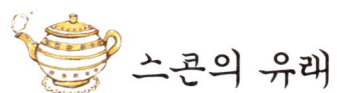
스콘의 유래

현재 애프터눈 티에 빼놓을 수 없는 과자 '스콘'. 사실 스콘이 탄생한 것은 애프터눈 티의 발상보다 반세기 정도 늦어진 19세기 말입니다.

스콘은 그 원형과 이름 모두가 영국 북부 스코틀랜드에서 유래했습니다. 원래 스콘은 오트밀로 철판 위에서 구워 낸 평평한 빵이었다고 합니다. 빅토리아 왕조 후기에 베이킹파우더가 개발되어 오븐이 보급되면서 더욱 부푼 형태가 되어 현재의 스콘에 이르게 됩니다. 스코틀랜드의 고도 퍼스(Perth)에 있는 '스콘 궁전(Scone Palace)'에서 이름을 따온 것으로, 스콘의 형태 역시 이 궁전의 '돌'에서 유래했다는 말이 있습니다. 이 돌은 '스콘의 돌', 혹은 '옥좌의 돌'이라고 불렸는데, 행운의 돌이라고 인식되어 역대 스코틀랜드 왕은 이 돌에 앉아서 대관식을 했습니다.

이전에 독립된 국가였던 스코틀랜드는 잉글랜드와 전쟁을 되풀이했습니다. 13세기, 잉글랜드의 에드워드 왕은 스코틀랜드가 소중히 여기는 이 돌을 전쟁의 전리품으로 챙겨 런던으로 가지고 왔습니다. 그리고 잉글랜드 왕의 대관식에 사용하기 위해 이 돌을 밑에 끼워 넣도록 특별히 주문한 옥좌를 만들었습니다. 이후 이 의자는 웨스트민스터 사원에 두고 스코틀랜드를 깔고 앉는 형태로 영국 왕의 대관식이 열릴 때 사용되었습니다. 스코틀랜드 국민에게 이 옥좌는 굴욕과 원한의 상징이 되었고, 잉글랜드와의 합병 후에는 환원을 요구했습니다. 결국 이 돌은 1996년에 스코틀랜드로 환수됩니다.

(현재는 에든버러 성에 보관되어 있으며, 스콘 궁전에는 모조품이 놓여 있습니다) 단 앞으로도 영국 왕의 대관식 때에는 '스콘의 돌'을 런던에 보낸다는 조건이 붙어 있습니다. 앞으로 대관식 행사 중에만 의자에 돌이 끼워 넣어진다고 생각한다면 훨씬 나은 대안이라고 볼 수 있을 것입니다.

● 웨스트 민트터 사원의 대관식용 의자 (A. Rutledge Crouch 작품/1934년).

옆으로 쪼개서 먹기

이러한 배경을 가진 스콘이지만 결코 특별한 음식은 아니었습니다. 대량 소비가 시작되었던 19세기 말, 사람들은 스콘을 일상적으로 먹었습니다. 이때에 옥좌의 돌에서 유래한 먹는 방법이 따로 있습니다. 먼저 스콘을 쪼개는 방법입니다. 스콘을 손에 쥐고 양옆으로 쪼개서 먹습니다. 위아래로 쪼개는 것은 '왕에 대한 반역'이라 하여 터부시됩니다. 스콘과 함께 제공되는 나이프는 고형크림(clotted cream)과 잼을 바르기 위한 것이라서 칼날이 둥글게 되어 있는 것이 특징입니다. 역시 옥좌의 돌에 날카로운 칼을 대지 않으려는 의미가 있는 것 같습니다.

지방에 가면 스콘의 형태는 점점 커져서 설탕과 우유의 배합이 줄어든 심플한 맛이 됩니다. 그 대신 잼고·고형크림을 듬뿍 발라서 즐깁니다. 그런 대중적인 스콘에는 블루&화이트로 된 자기 그릇이 잘 어울립니다.

호텔의 애프터눈 티를 마실 때는 샌드위치와 케이크도 함께 먹는 일이 많기 때문에 작은 크기의 달달한 스콘이 제공됩니다. 이 경우 고가의 자기가 잘 어울립니다. 스콘과 밀크티 세트는 '크림 티'라고 부르며, 티룸의 기본 메뉴가 되었습니다.

● 밀크티와 고형크림을 바른 스콘의 조합을 '크림티'라고 부릅니다.

도자기의 고향:
스토크온트렌트(Stoke-on-Trent)를 여행하다

영국 도자기 산업의 고향

영국 도자기의 고향이라고 불리는 스토크온트렌트(Stoke-on-Trent)는 20세기 초, 핸리, 스토크, 롱턴, 턴스털, 버슬럼, 펜튼이라는 6개의 마을과 촌을 통합해서 생긴 마을입니다. 영국 도자기 산업의 고향이라고 해서 '포터리스(The Potteries)'라고 불리기도 합니다. 런던에서는 특급열차로 약 2시간이 소요됩니다. 역 앞에는 왼손에 포틀랜드의 항아리를 든 조사이어 웨지우드의 동상이 세워져 있습니다. 당일치기 방문도 가능하지만 각 지역은 차가 아니면 갈 수가 없는 거리기 때문에 만일 박물관 등을 찬찬히 견학하고 싶을 때에는 하루 숙박하는 것이 좋습니다. 도자기의 제조에 흥미가 있는 분은 도자기 제작 과정을 전시한 '글래드스톤 도자기 박물관(Gladstone Pottery Museum)'을 방문해 보시기를 권합니다. 자기의 제작 과정을 견학할 수 있고, 옛날 소성 가마의 견학도 가능합니다. 위생기 코너도 욕조와 화장실, 타일 등으로 다양하게 전시되어 있습니다.

도자기의 역사와 작품에 관심이 있는 분에게 추천할

1 스토크온트렌트역 앞에 있는 조사이어 웨지우드의 동상. 손에는 웨지우드 요업의 상징인 포틀랜드의 항아리가 쥐어져 있습니다.

2 글래드스톤 도자기 박물관.

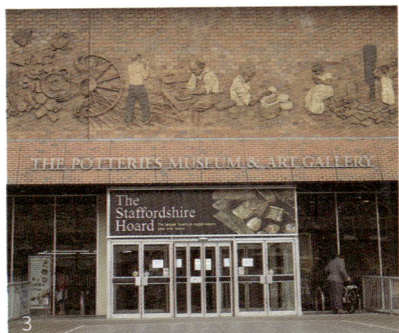

3 포터리스 뮤지엄&아트 갤러리.

4 웨지우드 요업 초기의 재스퍼웨어.
(포터리스 뮤지엄&아트 갤러리)

5 웨지우드 요업의 명품 포틀랜드의 항아리.
(포터리스 뮤지엄&아트 갤러리)

6 민턴 요업의 마조리카 시리즈의 공작.
(포터리스 뮤지엄&아트 갤러리)

만한 곳은 '포터리스 뮤지엄 & 아트 갤러리(Potteries Museum&Art Gallery)'입니다. 이곳에서는 스토크온트렌트 도자기 산업의 역사를 알 수 있습니다. 웨지우드 요업과 민턴 요업 등의 초기 작품과 1851년의 런던 만국박람회에서 전시된 각 요업체들의 작품도 볼 수 있습니다. 전시품의 양이 엄청날 뿐 아니라 도자기에 관한 서적도 충실하게 구비되어 있기 때문에 천천히 시간을 두고 방문하기에 좋습니다.

영국을 대표하는 명요업체 방문

물론 스토크온트렌트에 온 이상 영국을 대표하는 유명 요업체 방문도 잊어서는 안 됩니다. '웨지우드 방문객 센터'에는 웨지우드 요업뿐만 아니라 현재 계열사가 된 민턴 요업, 로열돌턴 요업, 로열앨버트 요업도 포함되어 있습니다.

매장에서 쇼핑하는 것도 좋지만 무엇보다 주목할 만한 것은 웨지우드 요업이 250주년을 기념하여 개관한 박물관입니다. 역대 웨지우드 요업의 명품이 역사 순서대로 전시되어 있고 초기의 크림웨어와 재스퍼웨어와 함께 조사이어 웨지우드의 공적도 알 수 있습니다. 특히 완성되기까지 수천 번의 작업을 거쳐 만들어진 재스퍼웨어의 초기 작품과 초기의 포틀랜드 항아리는 반드시 봐야 하는 작품입니다. 예약제로 운영되는 1시간가량의 공장 견학은 손으로 그림을 그려 넣는 민턴 요업의 훌륭한 기술을 가까이서 볼 수 있어 더욱 매력적입니다.

스포드 요업, 아인슬레이 요업의 팩토리숍도 방문하기 좋은 곳입니다. 아쉽게도 공장 견학은 할 수 없지만 한국이나 일본에는 아직 들어오지 않은 상품을 찾

1 웨지우드의 250주년을 기념하여 개장한 웨지우드 박물관.
2 웨지우드 공장 안에서 그릇을 성형하는 모습.
3 웨지우드 공장 안에서 그릇에 그림을 그려 넣는 모습.
4 스포드의 팩토리숍.

아볼 수 있습니다. 아인슬레이 요업 건물의 2층에서는 자사의 상품을 사용해서 차와 가벼운 음식을 먹을 수 있어서 느긋한 오후를 보내기에 좋습니다.

웨지우드를 좋아하시는 분들은 조사이어 웨지우드의 자택 에트루리아 홀(Etruria Hall)의 일부가 합병된 'Best Western Stoke-on-Trent Moat House'에 숙박하는 것을 추천합니다. 관내의 복도에는 조사이어 웨지우드 부부의 초상화를 비롯해서 당시 웨지우드 요업의 디자인이 장식되어 있어서 분위기를 고조시켜 줍니다.

마을을 가로지르는 트렌트앤머지(Trent and Merge) 운하는 철도와 차에 그 역할을 대신 빼앗기게 되었고, 현재 도자기의 운송에는 사용되지 않습니다. 마을 사람들이 운하에서 보트 놀이를 하는 모습을 보면서 이 마을의 번영을 위해 힘써 온 도공들의 마음을 생각해 보는 것은 어떨까요?

5 아인슬레이의 팩토리숍.
6 조사이어 웨지우드의 제안으로 완성한 트렌트앤머지 운하.
7 아인슬레이의 도자기 꽃은 다이애나비도 좋아했던 제품입니다.
8 아인슬레이의 팩토리숍의 2층에서는 아인슬레이 요업의 식기로 간단한 식사를 즐길 수 있습니다.

제6장. 생활 속으로 스며든 새로운 찻잔

제7장

찻잔과 홍차의 미래

잔의 손잡이에 주목해 주세요
자연을 사랑하는 영국인들
특유의 재치를 느낄 수 있습니다

홍차의 대량 생산과 대량 소비가 시작된 20세기에는
중산층의 발언권이 크게 확대됩니다. 공업화가 진행되어 가면서
사람들은 자연으로의 회귀를 갈망하게 되었고,
그러한 마음은 찻잔에도 영향을 주었습니다. 홍차가 대중문화가 된
현대 찻잔의 흐름을 쫓아갑니다.

영국에서 세계로 퍼져 나간 홍차

어머니인 빅토리아 여왕의 통치 기간이 64년간이나 지속되었기 때문에 아들 에드워드 7세는 만년이 되어서야 즉위할 수 있었습니다. 여왕 부처의 골칫덩어리였던 에드워드 7세는 화려함을 좋아하고 분방한 성격이라 여배우들과 염문을 일으키기도 했습니다. 어머니의 권유로 결혼한 덴마크의 왕녀 알렉산드라와는 사이가 매우 안 좋았습니다. 그래서 알렉산드라는 자식들에게 항상 '아버지처럼 되지 말라'고 말해 주었다고 합니다. 그러나 사교 모임을 좋아했던 에드워드 7세는 타국의 왕이나 사업가와 어울릴 때만큼은 영국의 국제적인 입장을 굳건하게 한 왕이기도 했습니다.

다음 조지 5세 시대에는 제1차 세계 대전과 세계 대공황의 고난이 기다리고 있었습니다. 그 후, 왕권은 장남인 에드워드 8세(1894~1972)에게로 넘어갑니다. 하지만 그는 이혼 경력이 있는 미국 여성과의 연애 문제로 11개월 만에 퇴위하게 됩니다. 대신 동생인 조지 6세(1895~1952)가 즉위하면서 영국의 왕권은 어지럽게 바뀌었습니다.

이 시대에는 왕실과 공사에 모두 친분이 있던 토머스 립턴의 홍차 사업이 급성장하면서 국민은 보다 저렴한 가격의 홍차로 티타임을 즐기게 되었습니다. 런던의 온 거리는 립턴사의 광고를 붙인 마차가 달렸고, 립턴은 '전세계의 티포트를 립턴사의 홍차로 채운다'라는 목표를 실현하듯 미국을 비롯해서 일본 등으로 사업을 확대했습니다. 영국 왕실의 홍차로 알려진 노란통에 담긴 립턴 홍차는 '실론 홍차'의 대명사가 되어 세계에 보급되었습니다.

대량 생산·대량 소비에 대응한 티백

20세기에 들어서서 홍차는 더 이상 동경의 대상이 아니라 대량 생산, 대량 소비의 대상이) 되었습니다. 1903년 케냐에서 아삼종의 재배가 성공하자, 이어 영국령의 동아프리카 제국(우간다, 탄자니아, 말라위 등)에서도 차나무의 재배가 시작됩니다. 차나무의 재배 면적은 계속해서 증가했고, 유럽의 대도시가 아닌 차의 생산지에서도 경매가 이루어졌습니다.

중국식 제조 과정을 적용한 '오서독스 제조법(Orthodox manufacture)'과 달리 대규모 플렌테이션 농업*을 통해 홍차를 대량 생산하는 '비오서독스 제

● 길거리 마차의 차체에는 립턴의 광고 문안이 있습니다.
(그림엽서/소인 1908년)

---

* 열대·아열대에서 이루어지는 재식농업(栽植農業)으로 서양의 자본으로 원주민의 값싼 노동력을 이용하여 홍차를 대량 생산하는 제조 과정을 말한다.

조법(Unorthodox manufacture)'이 개발되어 갑니다.

이 새로운 차 제조 방법을 뒷받침해 준 것은 20세기 초, 미국에서 만들어진 '티백'이었습니다. 망으로 된 작은 주머니 안에 찻잎을 넣어서 판매하는 티백은 호텔과 레스토랑에서 사용하는 용도로 개발되었지만, 그 편이성이 높게 평가되면서 가정에도 순식간에 퍼져 나갔습니다.

티백은 미국에서 영국으로 소개되어 급속히 그 위상을 확고하게 굳힙니다. 작은 크기에서도 충분히 우려낼 수 있을 뿐더러 찻물을 보다 더 진하게 우려낼 수 있는 티백을 원하는 판매자는 점점 늘어났습니다. 그 수요에 부응하기 위해서는 찻잎을 문지르는 유념기의 개량을 서둘러야 했습니다.

● 짙은 녹색이 상징적인 립턴의 홍보용 차량. 토머스 립턴은 부모의 고향 아일랜드의 국장인 토끼풀(Shamrock)의 녹색을 자사 제품의 색으로 많이 활용했습니다.

● 실론 홍차(현재의 스리랑카 홍차)를 섞은 차가 담긴 립턴의 노란색 차통은 맛있는 홍차의 상징적인 존재가 되었습니다. 영화『거상의 길』(1954년)에서 주연을 맡은 엘리자베스 테일러는 처음으로 차밭을 보며 '홍차는 (립턴으) 노란색의 차통에서 생산되는 것이라고 생각했다'며 미소를 짓습니다.

비오서독스 제법 중에서도 가장 편리한 것은 바로 1931년에 고안된 CTC 제법입니다. CTC라는 것은 Crushing(부수다)-Tearing(찢다)-Curling(휘말아 비틀다)의 준말입니다. 회전하는 2대의 롤러 사이에 찻잎을 말아 넣어 눌러 부수고, 찢고, 휘말아 비틀어 1~2밀리미터의 분말 상태로 만듭니다. CTC 기계에 의한 제법은 완전히 산화한 차의 진액이 찻잎에 묻어난 상태로 건조됩니다. 그래서 뜨거운 물을 부으면 바로 찻물이 우러나와 간단하게 진한 홍차로 만들 수 있는 것입니다. 한마디로 티백용의 찻잎 제조에 적합한 제조 방법입니다.

● 원산지의 창고에 쌓아 둔 홍차 상자는 차의 대량 소비 시대를 상징합니다 (Tetley사 광고/1057년판).

CTC 제조법이 확립되면서 홍차는 대량 생산의 시대로 돌입합니다. 미국에서 탄생한 티백에 거부감을 가진 영국 차 상인 사이에서 립턴은 '앞으로의 시대를 짊어지는 것은 티백 외에는 없다'는 판단을 내리고 바로 티백 상품의 제작을 시작합니다. 이 일로 오랜 역사를 이어 온 유서 깊은 점포인 트와이닝사의 많은 고객들은 티백을 발 빠르게 도입한 립턴사로 옮겨 갔습니다.

● 타사보다 빨리 티백 제조를 시작한 립턴사의 티백 상자. 영국, 스페인, 이탈리아 국왕의 공인 상인이었다는 문구가 인쇄되어 있습니다 (1920년대).

● 티볼보다 3배 이상 큰 모닝컵 (스포드·로열 우스터 합작 작품/1981년).

생활 방식에 따라 찻잔과 즐기는 법이 변화하다

티백의 출현으로 보다 손쉽게 홍차를 마실 수 있는 환경이 조성되면서, 차를 통한 사교는 계층에 관계없이 모든 사람들에게 '당연한 일'이 되었습니다. 아침 식사를 하면서, 일과 가사를 하는 중 쉬어 갈 때, 저녁 식사를 할 때 등 하루 6~7회에 걸친 티타임이 전개되어 홍차는 가장 가까운 필수품으로 성장해 갔습니다.

사람들은 홍차를 더욱 많이 마시고 싶어 하면서 큼직한 잔을 선호하게 됩니다. 특히 바쁜 아침에는 여러 번 따라 마시는 수고를 덜기 위해 '모닝컵'이나 손쉽게 사용할 수 있는 '머그잔' 등의 생산이 활발해졌습니다. 또한 가사 도중 여유 시간이 생길 때 짧은 티타임을 가질 수 있도록 다과를 얹

● 가볍게 사용할 수 있는 다과 잔 세트 (앞쪽 : 로열 앨버트/1940년, 안쪽 : 조지 조스/1924~1951년).

는 접시와 찻잔의 받침이 일체화된 '스낵 세트'도 탄생했습니다.

가정에서뿐만이 아니라 외출을 해서도 가볍게 홍차를 즐길 수 있는 장소로 호텔의 티 라운지와 티룸이 만들어졌습니다. 우아한 이미지가 강했던 애프터눈 티는 원래 하인에 의해 한 잔씩 제공되었지만, '3단 스탠드'와 함께 한번에 제공되는 것으로 바뀌었습니다. 초기 무렵의 큼직한 목제 스탠드는 가정의 애프터눈 티에서 하인이 없을 경우에 다과의 여유분을 두기 위해 사용되었습니다.

하지만 스탠드가 업무용으로 사용되면서 테이블 위에 얹는 작은 사이즈로 변하였고, 소재도 주로 은도금과 스테인리스를 사용하게 됩니다. 현재 사용되는 스탠드는 주문한 다과를 모두 얹어서 접대하는 형식으로 정착되었습니다. 찻잔의 디자인 역시 공공장소에서도 누구나 사용할 수 있도록 단순한 디자인이 많아졌습니다.

● 침대에서 아침을 즐기는 소녀. 베드 티는 어린이와 기혼 여성의 특권이었습니다.

● 여성의 외출이 인정된 20세기. 호텔 애프터눈 티 매장은 많은 여성으로 북적거렸습니다. 이 광고물은 비누 회사의 것입니다. '애프터눈 티를 마실 때에는 하얗게 세탁한 식탁보를 사용하세요'라고 강조하고 있습니다 (20세기 초).

● 여객선 안에서의 티타임 (N.Y.K Line의 광고).

- 야외에서 차를 즐기는 사람들. 테이블 옆에 있는 것은 3단 목제 스탠드입니다 (Balliol Salmon 작품/1903년).

- 전사 도장이 실용화되면서 복잡한 무늬도 간단하게 식기에 새길 수 있게 되어, 이전까지는 고가였던 색을 칠한 도자기의 티세트가 대량 생산되었습니다.

- 접기가 가능한 3단 목제 스탠드는 애프터눈 티를 마실 때 다과를 놓는 곳으로 활용되었습니다 (1920년).

다양한 디자인의 한정판 찻잔이 등장하다

홍차가 일상 음료가 되면서 찻잔은 더욱 빠르게 양산됩니다. 전사법을 이용한 값싼 찻잔은 점포 앞에 산더미처럼 쌓이게 되었고, 할인까지 하여 판매됩니다. 하지만 사람들이 그 찻잔에 열광적으로 달려들자 타인과 같은 찻잔을 가지는 데에 회의감을 느끼는 사람도 나타나기 시작합니다. 그로

● 미국의 은행이 민턴에 의뢰해서 제작한 '더블 스탬프' 찻잔 (민턴/1891~1902년).

● 요업체의 상표와 발주 회사의 상표가 들어간 '더블 스탬프'.

인해 윌리엄 모리스는 '대량으로 생산되는 데에 강하게 반발하여 중세의 수작업 방식처럼 생활과 예술을 통일할 것'을 주장한 아트 앤 크래프트 운동(미술 공예 운동)을 시작합니다. 차 애호가들 역시 자신의 기호에 맞는 찻잔을 찾기 시작했습니다.

때마침 미국의 티파니사가 영국의 많은 요업체에 자사 고객용의 특별한 찻잔을 디자인하여 발주합니다. 어디에서나 팔고 있는 것이 아니라 이곳에서만 구입할 수 있는 한정판 찻잔에 사람들은 주목합니다. 영국의 백화

● 장미 꽃봉오리와 금색 테두리가 아름다운 섬세한 찻잔 (민턴/1891~1902년).

● 민턴 요업에서 일반적으로 사용하던 상표.

점과 보석상 등도 여기에 자극을 받아 여러 요업체들과 협력하여 한정판 찻잔을 내놓았습니다. 한정판 찻잔 뒷면의 각인은 제조한 요업체의 상표와 함께 그 찻잔을 발주한 회사의 상표도 들어가는 '더블 스탬프'가 되었습니다.

당시 찻잔은 고전적인 디자인이 많았던 이전에 비해 '자포니즘 벚꽃과 신고전적인 리본 문양', '시누아즈리의 초기 문양과 로코코 양식의 장미 문양'

● 벚꽃 문양의 자포니즘 디자인과 리본을 사용한 신고전주의 디자인이 융합된 작품 (민턴/1902~1911년).

등 이전까지 유행했던 양식을 조합한 디자인으로도 많이 만들어졌습니다. 각 요업체들이 이처럼 자유롭고 유연한 발상으로 찻잔을 디자인한 것은 다른 나라의 요업체에서는 별로 보지 못했던 모습이었습니다. 철저한 양식에 구애되는 것이 아니라, 각자의 취향대로 찻잔을 만들었던 영국 요업체만의 특징이었습니다. 이는 영국의 찻잔을 보다 풍부하고 매력적인 것으로 탈바꿈해 나갔습니다.

● 장미와 리본의 조합 (스태퍼드셔/1985년).

● 금색으로 국화 무늬를 그린 아르누보 양식의 찻잔 (아인슬레이/1934 ~1939년).

● 티룸에서 보내는 티타임 (The Graphic/Edgar 작품/1917년 6월23일).

'아르누보'와 '아르데코'의 유행

이제까지 서양에서 전개되고 있던 예술 양식의 대상은 상류층의 사람들이었습니다. 그러나 점차 중산층의 발언권이 확대면서, '대중 미술이야말로 예술의 미래'라는 사조가 일기 시작합니다. 그런 시대적인 흐름에 따라 19세기 말부터 20세기 초반에 걸쳐 '아르누보' 양식이 유행하기 시작합니다. 아르누보는 아트 앤 크래프트 운동의 정신을 이어받아 보다 더 발전시킨 새로운 예술 운동입니다. 자포니즘이나 고딕 부흥 운동도 이 운동에 크게 영향을 주었습니다.

아르누보 양식에서는 이제까지 전통적으로 사용되었던 '좌우대칭' 디자인이 배제되고 좌우비대칭으로 바뀌었습니다. 또한 곡선을 역동적으로 많이 사용하는 것도 지금까지는 없었던 새로운 디자인이었습니다. 자연을 즐기는 일본의 정서를 반영하여 붓꽃, 나팔꽃, 잠자리, 나비 등의 식물과 곤

● 옅은 분홍색 소재에 아름다운 문양을 그린 아르누보 양식의 찻잔 (로열 돌턴/1900~1930년).

- 1930~1933년에만 제작된 셸리(Shelley)의 '보그셰이프(Vogue Shape)'는 아르데코의 대표작입니다.

- 1950년 이후부터 손잡이 형태는 다시 곡선으로 돌아왔습니다 (로열돌턴/1936년).

- 이 자기의 제목은 'SUNRAY'. 필요없는 요소는 배제한 기하학적인 디자인입니다 (셸리/1930~1933년).

● 크로커스꽃 모양의 손잡이는 봄이 왔다는 것을 알려 줍니다 (파라곤/1933~1934년).

● 아르데코 형태와 꽃모양 손잡이의 조합이 신선합니다(멜버/1930년경).

● 꽃 모양 손잡이의 찻잔을 늘어 놓으면 봄이 온 것처럼 화려합니다.

● 야생화를 그린 나비 손잡이 찻잔 (민턴/1891~1920년).

● 1930년대에 왕실에도 헌상된 나비 손잡이의 재현품 (아인슬레이/1990년대).

● 멜버/1930년경.
● 업체 불명/1920년경.

● 파라곤/1933~1934년.
● 파라곤/1933~1934년.

● 멜버/1930년경.
● 셸리/1930년경.

충처럼 가까이 있는 자연을 추상화해서 표현하는 것이 유행했습니다. 찻잔에도 아르누보의 양식이 적극적으로 도입되면서 독특한 세계관을 연출했습니다.

그러나 이 아르누보 양식은 단기간에 종말을 맞이합니다. 큰 계기는 제1차 세계 대전이었습니다. 남성이 전쟁터어 징병되면서 필연적으로 여성이 사회에 나가게 되었습니다. 전쟁 중에는 사랑스러운 장식은 일부러 피하게 되어 여성 의복과 보석 디자인도 여성스럽고 부드러운 디자인에서 샤프하고 직선적인 디자인으로 바뀌었습니다. 이와 같은 새로운 장식 양식은 1925년에 파리에서 개최된 '현대 장식미술·산업미술 국제 박람회'(Exposition Internationale des Arts Décoratifs et Industriels Modernes)의 명칭을 따서 '아르데코(art deco)'라고 불리게 됩니다. 아르데코 양식은 새로운 소재와 공업 제품이 만들어지는 시대를 반영하듯이 기능적이면서도 심플하게 아름다운 디자인으로 평가되었습니다. 또 공예, 건축, 회화, 패션 등의 모든 분야에 파급되었습니다. 물론 찻잔의 세계에도 아르데코 양식이 도입되었습니다. 영국인은 아르누보와 아르데코 양식을 동시에 적용하여 이제까지 없었던 스타일의 찻잔을 만들어 내기도 하였습니다.

수공예 찻잔도 계속해서 생산되었습니다. 그중 하나가 기하학적인 찻잔에 자연미를 그려 낸 '플라워 핸들'과 '버터플라이 핸들'이라는 찻잔입니다. 이 찻잔의 손잡이는 꽃과 나비의 모양을 따 만들었습니다. 이들 작품은 1930년대를 중심으로 아인슬레이 요업과 파라곤 요업, 멜버(Melba) 요업 등 영국의 여러 요업체에서 제작되어 인기 상품이 되었습니다.

전쟁터에서도 홍차를 마시다

전쟁 중에도 영국인의 생활에서는 홍차가 빠질 수가 없었습니다. 제1차 세계 대전 당시에 적국인 독일 함대에 영국 함대가 침몰을 당했다는 뉴스가 전해지자, 앞으로의 전황을 염려한 국민이 사재기를 하려고 홍차 매장에서 구입 문의가 쇄도했습니다. 그로 인해 홍차의 가격은 급등했습니다. 당황한 정부는 홍차의 수입을 관리하고 국내에서 판매가를 통제하기 시작합니다. 제2차 세계 대전에서 정부는 전과 같은 혼란을 피하고 국민의 사기를 높이는 홍차를 보호하기 위해서 더욱 고심하여 정책을 내놓습니다. 전쟁이 시작된 지 이틀이 지난 뒤에는 가게에 있는 홍차와 홍차 회사의 창고 재고까지 목록을 만들어 정확하게 파악하고 완벽하게 관리했습니다. 그리고 런던에 보관되어 있는 막대한 양의 홍차가 폭격을 받을 위험에 처할 때에는 수도 근방의 창고에 분산하도록 명령했습니다.

1940년, 식량청은 5세 이상의 영국 국민 한 사람당 매주 약 55그램의 홍차를 배급했다고 합니다. 영국인에게 이 홍차의 양은 결코 많지 않았습니다. 기존에 먹은 홍차 양의 절반 이하, 하루에 2~3잔 마실 수 있는 정도였습니다. 전쟁에 참전하는 병사는 전쟁터에도 찻잔을 지참했습니다. 병사에게는 사기가 떨어지지 않도록 좀 더 많은 양의 홍차가 배급되었다고도 전해집니다.

배급하는 홍차의 생산은 정부의 칙명으로 트와이닝사가 떠맡았습니다. 당시 트와이닝사는 본점이 공습을 받았을 때에도 홍차를 기다리는 사람들이 불안해 하지 않도록 작업을 멈추지 않았다고 합니다.

전쟁 중에도 홍차를 손에서 놓지 않았던 영국인의 모습을 슬쩍 훔쳐볼 수 있는 것이 장 드바이브르(Jean-Devaivre) 원작의 영화 『레세파세(LAISSEZ-PASSER)』입니다. 주인공인 프랑스 병사는 제2차 세계 대전 중 뜻밖의 일로 영국군의 기밀 서류를 소지한 채로 영국인에게 심문을 받습니다. 심문 중에는 홍차가 수차례 나왔는데, 심문이 끝난 뒤에도 영국인들은 아내의 몫으로 홍차 묶음을 챙겨 줍니다. 이를 통해 홍차를 별로 즐기지 않는 프랑스인의 눈을 통해 홍차를 사랑하는 영국인의 모습을 확인할 수 있습니다.

2009년에는 홍차에 관해 화제가 된 뉴스도 있습니다. 영국 공군이 홍차가 든 머그잔을 든 채 14회의 공중 돌기 애크로배틱 비행에 성공한 것입니다.

위와 같은 기록을 세운 것은 머그잔을 든 하사와 조종을 맡은 전 영국 공군 애크로배틱팀의 기장이었습니다. 영국 왕립 공군의 자선 행사에서 이루어진 이 도전은 전 국민의 갈채를 받았습니다.

21세기, 찻잔의 미래

전 세계를 휩쓴 제2차 세계 대전에서 영국은 승전국이 되었지만 전쟁의 피해도 매우 컸습니다. 또 전쟁이 끝난 뒤의 영국에는 식민지를 지배할 힘도 남아 있지 않았습니다. 1947년 인도를 시작으로 실론(1972년에 스리랑카로 개명)과 케냐 등 많은 식민지가 영국에서 독립했습니다. 하지만 독립한 뒤에도 정세가 바로 안정되지는 않았기 때문에 영국에 홍차를 공급하는 일을 뜻대로 할 수는 없었습니다.

도자기에서도 본차이나의 주원료인 소 골회의 품질이 소의 영양실조로 인해 저하됩니다. 설상가상 전쟁으로 인해 노동자도 부족해져서 전쟁 전과 같은 품질 좋은 찻잔이 제작되기가 어려워졌습니다.

자기의 색이 혼탁해진 것을 불안하게 생각한 민턴 요업의 사장은 도자기의 바탕을 가리고 그릇의 전체를 덮는 디자인을 요구합니다. 이에 디자이너인 존 워즈워드는 새로운 디자인을 고안해 내게 되는데, 그것이 바로 1948년에 발표되어 꾸준히 사랑을 받고 있는 '해던 홀(Haddon Hall)'입니다. 이 무늬는 중세에 세워진 고성 '해던 홀'의 예배당에 남겨진 벽화와 큰 방의 태피스트리(tapestry)*에서 영감을 얻어 만들어졌습니다. 고딕 타일 무늬의 재생에 심혈을 기울인 민턴 요업이 아니고서는 할 수 없는 디자인이라는 높은 평가를 얻었습니다.

---

* 다채로운 선염색사(先染色絲)를 손으로 짜서 그림을 그린 직물로 벽걸이·가리개·휘장·실내 장식품 등으로 사용된다.

● 해던 홀에 소장된 티세트 (민턴/1990년대).

1 해던 홀 외관.
2 해던 홀 예배당 벽면.
3 해던 홀 예배당 벽면.
4 해던 홀의 큰 방의 태피스트리.

전쟁의 혼란이 가라앉은 1962년, 로열 앨버트 요업에서 발표된 것은 '올드 컨트리 로즈(Old Country Roses)'입니다. 빅토리아 왕조 시대, 영국의 번영을 그리며 디자인한 작품으로 로열 앨버트 요업이 아니고서는 할 수 없는 디자인이라는 평을 받았습니다. 1억 개 이상의 판매고를 자랑하는 현재 세계에서 가장 많이 팔리는 찻잔입니다. 1964년에는 웨지우드 요업이 '와일

● 적당한 가격으로 본차이나의 판매에 주력하는 로열 앨버트의 제품은 찻잔뿐만이 아니라 일상 잡화도 폭넓게 생산하고 있습니다 (올드 컨트리 로즈/1990년대).

드 스트로베리(Wild Strawberry)'라는 티세트를 발표합니다. 신고전주의 디자인이 많은 웨지우드 요업에서는 드문 디자인으로 상당한 인기를 얻었습니다.

20세기 후반 영국에서도 커피와 탄산음료가 크게 성장하고 개별 식사 시대로 바뀌면서 함께 식사를 하는 시간이 줄어들게 됩니다. 그로 인해 국민 한 사람당 홍차 소비량은 전쟁 이전에 비해 절반에 가깝게 떨어졌습니다. 세계적인 불경기로 원재료비와 인건비가 올라가면서 1990년대부터는 생산 공장을 중국과 동남아시아로 옮기는 요업체도 증가했습니다.

오랜 전통 속에서 닦아 온 장인 기술이 쇠퇴하는 것도 큰 문제로 대두되고 있습니다. 2008년 스포드 요업의 도산과 2009년 웨지우드 요업의 도산 소식은 많은 찻잔 애호가들에게 충격을 주었습니다(현재는 두 회사 모두 소유주가 바뀌어 회생하고 있다고 합니다).

시대가 급속하게 현대화되어 가면서 찻잔의 디자인 수요도 변화하고 있습니다. 장식에 집중하여 화려하고 아름답게 만든 찻잔은 생활에서 사용하는 일 외에도 장식용으로도 사용되어, '장식장 속의 찻잔'이라고 불렸습니

● 심플한 흰 찻잔 (코츠월드에 있는 스완 호텔의 라운지).

다. 지금은 식기세척기와 전자레인지에 사용이 가능한 소재와 현대 생활양식에 맞는 디자인이 요구되고 있습니다. 오늘날까지 이어진 찻잔의 역사를 돌아보면 현재의 합리적인 경향의 디자인은 조금 씁쓸하게 느껴지기도 합니다. 하지만 지금까지 홍차와 함께해 온 영국이기 때문에 그동안의 찻잔이 이어 온 역사를 잘 활용할 것이라 생각됩니다. 각 업체의 역사는 브랜드의 개성을 담고 있습니다. 이는 디자인으로 잘 표현될 것이며, 그러한 작은 고집을 발견하는 것도 하나의 즐거움일 것입니다.

홍차는 더 이상 옛날처럼 부를 상징하는 음료가 아닙니다. 그러나 홍차 문화가 형성된 시대에 만들어진 우아한 티타임의 이미지는 지금도 사람들

● 현대적인 티룸에는 흰 식기가 잘 어울립니다 (런던 티 팰리스의 포트/티룸은 현재 폐점되었습니다).

---

6) 원서는 2012년, 다이아몬드 쥬빌리 개최 전 발간된 서적으로 그 전의 이야기를 담고 있습니다.

의 마음을 사로잡고 있습니다. 한 잔의 홍차로 누리는 기분 전환의 시간과 홍차를 통한 즐거운 대화와 전통 있는 찻잔을 사용하는 만족감, 아름다운 찻잔을 즐기는 미의식은 우리의 생활에 활력소가 되어 줍니다. 2012년 영국에서는 엘리자베스 2세의 '다이아몬드 쥬빌리(즉위 60주년 기념식)'가 개최됩니다.[6] 빅토리아 여왕 이후의 다이아몬드 쥬빌리입니다. 각 요업체들은 어떠한 특별 한정 기념품을 만들까요. 이와 같은 행사는 사람들이 아름다운 도자기에 흥미를 갖는 계기가 됩니다. 앞으로 '찻잔'과 '홍차'가 만들어 가는 미래를 기대해 보십시오.

● 1970년대 디자인을 재현한 찻잔 (로열 앨버트/2006년).

● 포트넘&메이슨사가 엘리자베스 2세의 다이아몬드 쥬빌리에 맞춰 제작한 기념 홍차 (2012년).

 # 우유가 먼저? 홍차가 먼저?

MIF VS. MIA

영국에서는 오랫동안 홍차에 우유를 넣을 때 '먼저 우유를 넣어야만 한다. 아니다, 홍차가 먼저다.' 하며 열띤 토론을 벌였습니다. 우유가 먼저라는 사람을 'MIF(Milk in First)', 홍차가 먼저라는 사람을 'MIA(Milk in After)'라고 부르고 있습니다. 덧붙이면 상류층은 'MIA', 노동자 계층은 'MIF'가 많다고 합니다.

그 이유는 각양각색으로 다양합니다. 일설에 따르면 초기 무렵부터 차 문화에 익숙해 있는 상류층에서는 당시 매우 고가였던 홍차의 색과 향기, 맛을 순서대로 감상한 후 우유를 넣었기 때문이라고 합니다. 또 찻잔에 곁들이는 아름답고 값비싼 순은 티스푼을 더 자주 사용하기 위해서 우유를 나중에 넣는다는 의견도 있습니다 (자기의 찻잔은 매우 섬세하기 때문에 단단한 스테인리스 스푼으로 저으면 흠집이 나게 되어 찻물 때의 원인이 되었습니다. 우유에 설탕을 넣고 저을 때는 순은으로 만든 부드러운 스푼이 적합했습니다).

반대로 노동자 계층의 의견은 우유를 먼저 넣는 편이 찻잔이 잘 깨지지 않고 찻잔에 찻물 때가 잘 남지 않는다고 주장하며, 고가인 순은 티스푼이 없어도 홍차와 우유가 잘 섞인다는 편의를 중시하는 것이 특징입니다.

홍차는 영국을 대표하는 문화

일상적인 찻잔을 사용하는 티타임이 일반적인 현대에서는 어느 쪽이든 상관없다는 의견이 많습니다. 그래서 영국 영화와 소설 속에서는 이 두 가지로 우리는 방법이 확실하게 나뉘어서 그려지는 것도 재미있는 점입니다. 노동자 계층의 대표 『메리 포핀스』는 MIF, 『마이 페어 레이디』의 마지막에 멋진 레이디가 된 일라이자는 물론 MIA 입니다.

2003년 6월, 영국의 왕립화학협회는 화학적인 근거를 토대로 '찻잔에 먼저 우유를 넣고 나서 홍차를 따르는 것이 밀크티를 맛있게 우리는 요령'이라며, '한 잔의 완벽한 홍차를 우리는 법'을 발표했습니다. 하지

● 그림 무늬가 아름다운 찻잔을 사용하는 상류층은 'MIA'를 선호합니다.

만 이것이 발표된 뒤 영국에서는 우유가 먼저인지 나중인지에 대한 논쟁이 더욱더 뜨겁게 펼쳐지게 됩니다. 이 발표는 최근 젊은이들이 커피 문화에 깊이 빠져 홍차에 대한 애정이 약해졌다는 것을 염려한 왕립화학협회가 영국 국민에게 보내는 '경고'였습니다. 영국에서 '홍차'는 국가를 대표하는 한 문화입니다. 긴 역사 속에서 키워 온 홍차 문화를 젊은이들에게 다시금 되새겨 주고자 하는 발표였던 것입니다.

미스 마플의 차

전통적인 중국차, 대중이 사랑한 실론 홍차

세인트메리미드 마을에 사는 나이 든 여성 미스 제인 마플은 애거사 크리스티의 소설 속 등장인물 중에서도 특히 인기가 많은 인물입니다. 뜨개질과 자수, 정원 가꾸기가 취미인 순수한 영국인으로 그려진 그녀는 여러 가지 사건에 참여하거나 저절로 휩쓸립니다. 홍차는 그런 미스 마플의 일상에서 빼놓을 수 없는 요소로 등장합니다.

「버트램스 호텔에서」라는 이야기에서는 호텔의 로비에서 차 마시는 장면이 등장합니다.

"여기는 머핀도 있는 것 같던데?"라고 신사가 물었다.

헨리는 부드러운 미소를 보이며 답했다.

"네, 있습니다. 말씀 드리자면 저희 호텔의 머핀은 최고입니다. 누구나 좋아하죠. 머핀을 주문하시는 건가요? 차는 홍차로 하시고요? 중국차가 좋으세요?"

"홍차로 하지. 실론 차가 있으면 그게 좋겠군."

신사가 답했다.

"네, 실론 홍차도 있습니다."

이 신사는 호텔의 손님에게 탐문 수사를 하기 위해 온 경관입니다. 노동자인 경관은 상류층이 즐겼던 원조 중국차가 아니라 일상적으로 마시는 실론 홍차를 고릅니다. 이렇게 일상적인 장면에도 계층 사회가 나타나 있습니다. 이 대목에서도 미스 마플은 타고난 호기심으로 두 사람의 대화에 가만히 귀를 기울입니다.

● 미스 마플도 허물없이 지내는 친구들과 애프터눈 티를 즐겼을 것입니다 (1930년대의 그림엽서).

빅토리아 왕조의 예절

『목사관의 살인』 속에서는 미스 마플과 마을 사람들의 애프터눈 티의 모습이 그려져 있습니다. 오락거리가 적은 시대라서 특별한 일이 없는 한 사람들은 차례대로 친구들의 집을 돌면서 대접을 받았습니다. 아름다운 찻잔, 그리고 손수 만든 다과. 하지만 부인들의 대화는 가십거리로 넘쳐나서 빅토리아 왕조 때 존중된 '사람의 험담과 정치, 종교, 자식 이야기는 피한다'는 대화 예절이 지켜지지 않습니다.

소문을 좋아하는 마을 사람들의 성격을 잘 알 수 있는 조금은 풍자적으로 묘사되어 있습니다. 마플도 사건의 힌트를 얻기 위해 이야기의 꽃을 피웁니다.

또한 이 이야기 속에는 '우유가 먼저? 홍차가 먼저?'에서 언급했던 '계층에 따른 밀크티 음용 방법의 차이'도 표현되어 있습니다. 경제적으로 유복하지 않은 목사의 집에서는 'MIF(Milk in First)'로, 마을 제일의 부자인 대령의 집에서는 'MIA(Milk in After)'로 밀크티를 만들어 마십니다. 이야기 속에 한 마을 안에서도 계층이 있었다는 것이 묘사된 부분을 발견하는 것도 즐거운 일입니다.

 찻잔의 형태와 홍차의 맛

● 피오니 셰이프
(웨지우드/최근)

찻잔에 따라서 변하는 홍차의 맛

어제 맛있게 마셨던 홍차가 오늘은 떫게 느껴진 적은 없으셨나요? 사람들은 이것이 차를 잘못 우렸기 때문이라고 생각하는 경우가 많지만, 실은 '그릇' 때문인 경우도 많습니다.

우리가 '단맛, 떫은맛, 신맛' 등을 느끼는 미각은 찻물이 닿는 '혀'로 느낍니다. 혀는 전체가 모든 맛을 평균적으로 느끼는 것이 아니라 특히 맛을 강하게 느끼는 부위(혀끝은 단맛, 양옆은 신맛, 혀 안쪽은 쓴맛)가 있습니다. 현재 홍차용으로 판매되고 있는 찻잔에는 여러 가지 형태가 있습니다. 그 모양에 따라 찻물이 흘러 들어가는 각도와 폭이 조절되기 때문에 혀의 자극 부위가 변하여 맛이 변하는 것처럼 느끼는 것입니다. 웨지우드 요업의 '피오니 셰이프(Peony shape)'는 입구가 넓고 높이가 낮기 때문에 홍차를 마실 때 찻잔을 기울이는 각도가 작은 편입니다. 이로 인해 찻물이 느리고 굵게 흐르기 때문에 혀에 떫은맛을 느끼는 부위에 많은 자극이 생기게 됩니다. 또 찻물이 공기에 닿는 면이 넓어, 홍차가 식기 쉽기 때문에 떫은맛이 강한 유형의 홍차(인도의 아삼과 스리랑카의 우바 등)는 단시간 내에 마시지 않으면 맛이 나빠집니다. 즉 떫은맛을 별로 안 좋아하는 분이 떫은맛이 강한 홍차를 마실 때는 별로 적합하지 않다고 할 수 있겠습니다. 그러나 높이가 낮은 형태의 찻잔은 홍차의 색을 투명하게 보여 줄 뿐 아니라 입구가 넓어 향을 풍부하게 발산하므로 홍차의 향기를 집중적으로 맡고 싶을 때에 좋습니다.

마시는 홍차에 따른 찻잔 선택

반대로 로열 앨버트 요업의 '몬트로즈 셰이프(Montrose shape)'처럼 깊은 찻잔으로 홍차를 마시면 잔을 기울이는 각도가 커져서 찻물은 떫은맛을 느끼기 전에 입안을 지나 목으로 넘어갑니다. 뒷맛이 좋은 약간 떫은 홍차는 맛있게 마실 수 있지만 개성이 약한 가벼운 홍차(인도의 닐기리와 스리랑카의 캔디 등)는 조금 부족하다고 느낄 수도 있습니다. 또한 이 찻잔은 둘레가 볼록해지는 부위에서 향기가 모이기 때문에 첫 향기는 좀 약하게 느껴지지만 식은 뒤에도 홍차의 향기가 유지되는 것이 특징입니다.

찻잔은 시각적인 아름다움도 중요시되기 때문에 비싼 찻잔이라고 꼭 맛있는 차를 마실 수 있는 것은 아닙니다. 옛날 찻잔은 섬세하고 매우 얇게 만들어졌습니다. 그래서 잔의 끝부분이 입술에 밀착되어 찻물이 바로 혀에 닿았기 때문에 고상한 단맛을 느낄 수 있었습니다. 좋아하는 찻잔이 있는 분은 동일한 홍차를 모양이 다른 찻잔에 담아 맛과 향의 차이를 느껴 보시길 바랍니다. 그 차이는 실로 놀라울 것입니다. 와인의 종류에 따라 와인 잔을 고르듯이 마시는 홍차에 따라 찻잔을 고르는 것은 상류층이 티타임을 즐기는 방법입니다.

● 몬트로즈 셰이프 (로열 앨버트 / 최근).

영국 왕실의 보증서

자격을 부여할 수 있는 사람은
국왕 부처와 황태자 부처뿐

서양에서는 중세 이래로 왕실 납품을 맡은 상인을 공식적으로 보증하는 제도가 있었습니다. 처음에는 여러 동업자 조합에 부여되는 '특허장(Royal Charters)'이었지만 나중에는 그것이 개별 상인에게 부여되는 '왕실 보증서(Royal Warrant)'로 변화했습니다. 현재 영국뿐만 아니라 네덜란드와 벨기에에도 같은 보증 제도가 있습니다.

영국에서는 1155년부터 제도가 시작되어 15세기경, 현재와 같은 '왕실 보증서'의 형태가 되었습니다. 빅토리아 왕조 시대에는 왕실에 물품을 납품하는 일이 회사의 신뢰와 연관된다는 인식이 퍼져서 보증서를 원하는 상인이 증가했습니다. 보증서를 받은 가게와 제품에는 문장을 표시하게 되었습니다.

왕실 안에서 이 보증서를 줄 수 있는 권한을 가지고 있는 사람은 현재 여왕 부처와 황태자로(카밀라 왕세자비는 그 자격을 부여할 수 없습니다) 그들에게 정기적으로 물품과 서비스를 납품하는 기업과 개인에 부여할 수 있습니다. 왕실 가족의 생활 전반에 사용하는 물건이라면 오락시설이나 레스토랑 외에는 보증서를 받을 수 있습니다. 보증서에는 유효기간이 있어서 5년마다 갱신됩니다.

이 제도는 기업 측에게는 자사의 신뢰를 높이기 위한 홍보의 수단으로 사용되고 있습니다. 또한 왕실에서도 자신들이 사용하는 제품을 인증하는 것 외에도 자국의 품질이 좋은 상품을 후원하는 제도라고 생각하는 듯합니다.

영국의 요업체

트와이닝사는 1837년에 빅토리아 여왕이 즉위하자마자 보증서를 받아 현재까지도 계승하고 있습니다. 트와이닝사는 역대 대표들 모두가 트와이닝 직계 가족으로, 직계로만 보증서를 계승하는 유일한 회사입니다. 포트넘 & 메이슨사도 빅토리아 왕조 때부터 보증서를 받기 시작하여 현재에도 여왕, 황태자 양쪽으로부터 보증서를 받고 있습니다. 이 보증서는 '홍차'에 대한 것이 아니라 '식품 전체'에 부여되고 있는 것이 특징입니다. 립턴사는 유감스럽게도 외국 자본에 매수되어 본사를 미국으로 옮겼기 때문에 보증 대상에서 제외되었습니다.

요업계에서 보증서를 받은 것은 웨지우드 요업이 처음으로, 1769년 조지 3세의 아내 샬럿 왕비로부터 보증서를 수여 받아 현재까지도 이어 가고 있습니다. 민턴 요업, 로열 돌턴 요업, 아인슬레이 요업도 각각 보증서를 보유하고 있습니다. 요업계의 보증서 중에서 주목할 만한 것은 1788년에 조지 3세에게 받은 로열 우스터 요업의 보증서입니다. 로열 우스터 요업은 조지 3세 이후 역대 국왕 전원에게 보증서를 받은 유일한 요업체입니다.

제7장에서 언급한 에드워드 8세는 단 11개월 만에 국왕에서 퇴위했기 때문에 그가 국왕인 시대에 발행한 보증서는 매우 적어서 귀하게 여겨지고 있습니다. 또한 1775년에 국왕 조지 3세에게 '크라운'의 사용을 허가 받은 크라운 더비 요업은 1848년에 경영부진으로 회사를 한 번 폐업합니다. 후일 직원으로 일했던 사람이 회사를 재개하면서 1890년 빅토리아 여왕에게 '로열'의 칭호를 얻고 요업체의 이름을 '로열 크라운 더비 요업'으로 변경했습니다. 왕실에 납품하는 요업체 중에서 유일하게 '로열'과 '크라운'의 두 가지 칭호를 얻은 업체가 되었습니다.

덧붙여 말하면 일본의 제조업체 중에서 처음으로 왕실 보증서를 받은 곳은 야마나카 사다지로(1866~1936)의 '야마나카 상회'였습니다. 골동품상

집에서 태어난 사다지로는 자포니즘이 유행했던 빅토리아 왕조 후기, 일본과 중국을 비롯한 동양의 고미술을 판매하면서 골동품 업계의 견인차가 되어 주었습니다. 대영박물관의 동양미술 담당자와도 친했기 때문에 이 박물관의 동양 부문을 충실하게 채우는 일에도 크게 공헌하게 됩니다. 1919년, 일본인으로서는 최초로 조지 5세으로부터 왕실 보증서를 받습니다.

오늘날 왕실 보증서를 취득한 상품은 그 상품이 좋다는 것과 상품을 만드는 데 사용하는 장인 기술을 왕실로부터 인정을 받았다는 것을 의미합니다. 앞으로 왕실에서 어떤 요업의 작품에 왕실 보증서를 부여할지 주목해 봅시다.

- 많은 찻잔 중에서 마음에 드는 것을 찾는 일은 매우 즐거운 일입니다.

- 골동품 시장에는 옛 식기를 찾는 많은 사람들로 붐빕니다.

제7장. 찻잔과 홍차의 미래

부 록

본문에 나오는 건물과 브랜드의 홈페이지 URL

장	건물	영어표기	URL
1	윈저성	Windsor Castle	http://www.windsor.gov.uk/things-to-do/windsor-castle-p43983
1	햄프턴코트 궁전	Hampton Court Palace	http://www.hrp.org.uk/HamptonCourtPalace/
1	트와이닝스	TWININGS	http://www.twinings.com/home.php
1	포트넘 앤 메이슨	FORTNUM & MASON	http://www.fortnumandmason.com
1	켄싱턴 궁전	Kensington Palace	http://www.hrp.org.uk/KensingtonPalace/
1	독일 샤를로텐부르크 궁전	Charlottenburg Palace	http://www.spsg.de/index.php
1	츠빙거 궁전	Zwinger	http://www.skd.museum/en/homepage/index.html
2	큐가든	Royal Botanic Gardens, Kew	http://www.kew.org/
2	로열 크라운 더비	Royal Crown Derby	http://www.royalcrownderby.co.uk/
2	웨지우드	WEDGWOOD	http://www.wedgwood.com/
2	로만 바스	The Roman Baths	http://www.romanbaths.co.uk/
2	보스턴 미술관	Museum of Fine Arts Boston	http://www.mfa.org/
2	대영박물관	British Museum	http://www.britishmuseum.org/
2	케들스톤 홀	Kedleston Hall	http://www.nationaltrust.org.uk/kedleston-hall/
2	사이언 하우스	Syon House	http://www.syonpark.co.uk/
2	오스터레이파크	Osterley Park & House	http://www.nationaltrust.org.uk/osterley-park/
2	켄우드 하우스	Kenwood House	http://www.english-heritage.org.uk/daysout/properties/kenwood/

3	로열 파빌리온	Royal Pavilion	http://www.brighton-hove-rpml.org.uk/RoyalPavilion/Pages/home.aspx
3	스포드	Spode	http://www.spode.co.uk/
4	세인트 제임스 궁전	St. James's Palace	http://www.royal.gov.uk/theroyalresidences/stjamesspalace/stjamesspalace.aspx
4	오즈번하우스	Osborne House	http://www.english-heritage.org.uk/daysout/properties/osborne/
4	밸모럴 성	Balmoral Castle	http://www.balmoralcastle.com/
4	워번 애비	Woburn Abbey	http://www.woburnabbey.co.uk/
4	윌리엄 앤 앨버트 박물관	Victoria & Albert Museum	http://www.vam.ac.uk/
5	아인슬레이	Aynsley	http://www.aynsley.co.uk/
5	로열 돌턴	ROYAL DOULTON	http://www.royaldoulton.co.uk/
5	커티삭	Cutty Sark	http://www.rmg.co.uk/cuttysark
6	로열 우스터	Royal Worcester	http://www.royalworcester.co.uk/
6	로열 앨버트	Royal Albert	http://www.royalalbert.com/
6	도자기 박물관	The Potteries Museum	http://www.stokemuseums.org.uk/visit/pmag/
6	글래드스톤 도자기 박물관	Gladstone Pottery Museum	http://www.stokemuseums.org.uk/visit/gpm/
6	빨간 집	Red House	http://www.nationaltrust.org.uk/red-house/
7	스콘 궁전	Scone Palace	http://scone-palace.co.uk//
7	웨스트민스터 사원	Westminster Abbey	http://www.westminster-abbey.org/

# 간략 연표

연도	내용	차 마시는 장면이 등장하는 영화
BC2737	중국의 신농(神農)황제가 처음으로 차를 마시다.	
BC59	차가 매매되어 마시는 일이 일상화되다. (전한 시대에 왕포가 쓴 『동약(僮約)』에서)	
380~	차를 마시는 습관이 쓰촨성에서 양쯔강을 따라 각지로 퍼지다.	
493~	중국이 터키와 차, 비단, 도자기의 무역을 시작하다.	
760	육우(陸羽)가 『다경(茶經)』을 집필하다.	
804	일본의 유학 승려가 중국의 차를 마시는 습관을 알게 되면서 일본에 녹차가 전해지다.	
815	에이타다(永忠)가 범역사(梵釋寺)에서 사가 천황을 위해 차를 달이다 (『일본 후기』 발췌).	
1191	에이사이(榮西)가 차의 종자를 히라도(平戸)에 있는 센코사(千光寺)와 세후리산(脊振山)에 있는 료센사(靈山寺)의 이와카미(石上坊) 정원에 뿌리다.	
1211	에이사이(榮西)가 『끽다양생기(喫茶養生記)』를 완성. 3년 후 미나모토노 사네토모(源実朝)에게 차와 함께 바치다.	
1299	마르코 폴로의 여행기 『동방 견문록』이 화제를 불러 일키다.	*마르코 폴로(Marco Polo)(2007년/미국)
1379	우지차(宇治茶)가 특별한 보호를 받으면서 다도가 보급, 발전하다.	
1492	콜럼버스가 미국 대륙에 상륙.	*1492 콜럼버스(1492: The Conquest Of Paradise) (1992년/미국, 영국, 프랑스)
1498	바스코 다가마(Vasco da Gama)가 인도 항로를 개척. 서양 제국의 향신료 무역이 번영하다.	
1543	포르투갈인이 타네가(種子)섬에 상륙. 일본에 철포를 전하다.	

1545	조반니 바티스타 라무지오(Giovanni Battista Ramusio)가 저서 『항해와 여행』에서 차를 유럽에 소개하다.	*센리큐 혼가쿠보의 유서(1989년/일본)
1600	영국 동인도 회사 창립.	*엘리자베스(Elizabeth)(1998년/영국)
1602	네덜란드 동인도 회사 창립.	*골든 에이지(Elizabeth: The Golden Age) (2007년/영국)
1610	네덜란드가 중국차, 일본차를 수입. 네덜란드에서 차가 유행하다.	*셰익스피어 인 러브(Shakespeare in Love) (1998년/미국)
1630~	네덜란드가 프랑스, 독일에 차와 중국 도자기를 가지고 들어오다.	
1640~	네덜란드의 상류층 사이에서 차 마시는 것이 유행. 청교도 혁명으로 네덜란드에 망명한 영국 귀족이 차 마시는 것을 알게 되다.	*풍운아 크롬웰(Cromwell)(1070년/영국)
1650	영국에 처음으로 커피 하우스가 개점.	
1657	런던의 커피 하우스 '개러웨이(Garraway)'에서 차가 판매되다.	
1659	영국에서 처음으로 무이차(Bohea tea)가 판매.	
1660	왕정이 복고되어 찰스 2세가 즉위하다. 영국에서 차가 과세 대상이 되다.	*레스터레이션(Restoration) (1995년/영국, 미국)
1662	찰스 2세와 포르투갈에서 온 캐서린 왕비가 결혼하다.	*리버틴(The Libertine)(2004년/영국)
1679	영국에서 처음으로 차 경매가 개최되다.	
1680~	프랑스에서 밀크티가 생겨나 영국에도 전해지다.	
1685	제임스 2세의 즉위. 아내 메리에 의해 네덜란드 식으로 잔 받침에 차를 마시는 문화가 유행하다.	
1689	윌리엄 3세와 메리 2세가 즉위.	

1690	영국령 보스턴에서 찻집이 개업하다.	
1702	앤 여왕의 즉위. 은제품의 티포트가 유행하다. 영국과 중국 사이에 차의 직접 무역이 시작되다.	
1706	토머스 트와이닝이 커피 하우스 '톰의 가게'를 열다.	
1707	포트넘 앤 메이슨이 창업하다.	
1709	독일의 마이센에서 자기 생산이 시작되다.	
1714	조지 1세의 즉위.	
1717	트와이닝사가 영국 최초의 차 전문점 '골든 라이언'을 개점하다.	
1721	동인도 회사가 차 수입의 전권을 독점 차의 관세가 높아지면서 차 밀수가 활개를 치다.	*캐리비언의 해적-세상의 끝에서 (Pirates of the Caribbean: At World's End) (2007년/미국)
1727	조지 2세의 즉위.	
1730	영국 국내에서 차 유해설이 제창되어 '차 논쟁'으로 발전하다.	
1732~	티 가든이 유행하여 야외에서 차를 마시는 습관이 시작되다.	
1740~	티볼에 손잡이가 달린 찻잔이 등장.	
1745	첼시 요업의 창업.	
1747	보 요업의 창업.	
1750경	더비 요업의 창업.	
1751	우스터 요업의 창업.	
1757	중국이 차와 도자기 등의 제한 무역을 개시하고, 영국은 무역 적자를 기록하다.	

1759	웨지우드 요업의 창업. 영국의 도자기 산업이 번창하다.	
1760	조지 3세의 즉위.	*조지 왕의 광기(The Madness of George Ⅲ) (1994년/영국, 미국)
1770	스포드 요업의 창업.	
1772	존 코클리 렛섬의 저서 『차의 박물지』 간행.	
1773	보스턴 차 사건이 일어나다.	*마리 앙투아네트(Marie Antoinette) (2006년/미국)
1774	웨지우드 요업에서 재스퍼웨어가 완성되고 러시아 여제 예카테리나 2세에게 '프로그 서비스'를 납품하다.	*공작 부인:세기의 스캔들(The Duchess) (2008년/영국, 프랑스, 이탈리아)
1775	아인슬레이 요업의 창업. 이마리 양식이 유행하다.	*비커밍 제인(Becoming Jane)(2007년/영국)
1776	미국이 독립을 선언하다.	*오만과 편견(Pride and Prejudice)(2005년/영국)
1777	스토크온트렌트와 리버풀을 이어 주는 '트렌트앤머지 운하'가 완성되다.	*엠마(Emma)(1996년/영국)
1784	리처드 트와이닝의 신청에 의해 수상 윌리엄 피트가 차의 감세를 실시하다. 스포드 요업이 동판 전사에 의한 인쇄 기법을 완성하다. 블루 & 화이트 식기가 유행하다.	*어메이징 그레이스(Amazing Grace) (2006년/영국)
1790	웨지우드 요업에서 포틀랜드 항아리가 완성되다.	*해밀턴 부인(LADY HAMILTON/THAT HAMILTON WOMAN) (1941년/영국)
1791	이세의 상인 다이코쿠야 코다유(大黑屋光太夫)가 예카테리나 2세를 알현하다. 본격적으로 서양의 티타임을 경험하다.	*오로시야고쿠 무스이무덴(おろしや国酔夢譚)(1992년/일본)
1793~	영국 정부가 전권 대사 매커트니를 중국으로 파견하지만 제한 무역 철폐를 실현하지 못하고 아편 밀수를 진행하다. 민턴 요업의 창업.	*베리 린던(Barry Lyndon)(1975년/미국)
1799	스포드 요업이 본차이나의 실용화에 성공하다.	*폭풍의 언덕(Wuthering Heights)(1992년/미국)
1806	중국에 파견되어 있던 사절단이 무이암차를 그레이 백작에게 보내다.	
1808	섭정 황태자(후에 조지 4세)에 의해 궁전 로열 파빌리온이 완성되다.	*프린세스 캐러부(Princess Caraboo) (1994년/미국)

1815	돌턴 요업의 창업.	*센스 앤 센서빌리티(Sense And Sensibility) (1995년/영국, 미국)
1820	조지 4세의 즉위.	
1823	로버트 알렉산더 브루스가 인도의 아삼 지방에서 차나무를 발견하다.	
1830	윌리엄 4세의 즉위.	
1833	동인도 회사의 중국 무역의 독점권이 소실되고 대중국 무역이 자유화되다. 고속 범선 클리퍼의 탄생.	
1834	인도 총독 벤티크가 '다업 위원회'를 발족하다.	
1837	빅토리아 여왕의 즉위.	*영 빅토리아(The Young Victoria) (2009년/영국, 미국)
1838	아삼종의 차가 영국 본국에서 높은 평가를 받고 본격적으로 재배가 진행되다.	
1839	중국에서 아편 단속이 시작되다.	
1840	빅토리아 여왕의 결혼. 아편 전쟁 발발하다. 귀족 계층에 의해 애프터눈 티 문화가 시작되다.	*아편 전쟁(THE OPIUM WAR)(1997년/중국)
1841	실론의 캔디에서 처음으로 차나무가 재배되다.	*올리버 트위스트(Oliver Twist)(2005년/영국)
1842~	아편 전쟁이 끝나고 난징 조약이 체결되면서 홍콩이 할양되다(1997년에 반환).	*데이비드 카퍼필드(David Copperfield,) (1999년/영국)
1845~	아일랜드에서 감자 기근이 발생하다. 아일랜드 난민이 세계로 건너가면서 차를 마시는 습관이 전 세계로 퍼지다. 로버트 포춘이 '녹차'와 '우롱차'는 같은 차나무로 생산한다는 사실을 알아내다.	*스크루지(SCROOGE)(1970년/영국)
1849	항해 조례은 철폐에 의해 미국의 클리퍼선이 차 무역에 참가하다. 티클리퍼 경주로 발전하다.	*제인 에어(Jane Eyre)(1990년/영국)
1851	세계 최초로 런던 만국박람회가 개최되다.	*여인의 초상(The Portrait of a Lady) (1996년/영국)

연도	내용	관련 작품
1852	로버트 포춘이 입수한 무이산의 묘목과 차 제조 방법이 인도의 다르질링에 전해져서 상업적 다원이 만들어지다.	
1860~	실론의 커피 농원이 바이러스에 의해 크게 타격을 받은 후 차나무의 재배가 시작되다.	*바람과 함께 사라지다(Gone With the Wind)(1939년/미국)
1861	『비턴 부인의 가정서』가 간행되다. 자포니즘이 유행하기 시작하다.	*작은 아씨들(Little Women)(1994년/미국)
1866	제임스 테일러가 캔디 교외의 룰레콘데라에서 다원을 개척하다.	*이상한 나라의 앨리스(Alice In Wonderland)(2010년/미국)
1869	수에즈 운하가 개통하면서 티클리퍼 시대가 막을 내리다.	
1872	윌리엄 잭슨이 제다 기계를 발명하다. 차의 산화도가 발전하면서 현재의 홍차에 가까워지다.	
1873	최초의 실론티가 런던의 차 경매에 등록되다.	
1876	문명개화에 의해 일본에서도 자국 홍차 생산이 장려되면서 정부는 다다 모토키치(多田元吉) 등을 인도의 다원에 파견하다.	
1878	일본에서 '홍차 제조법 전습 규칙'이 발표되어 도쿄, 시즈오카, 후쿠오카, 가고시마에 전습소가 설치되다.	
1886	일본 홍차(미에현 산)가 도쿄의 교바시에서 처음으로 판매되다.	
1887	일본에 처음으로 외국산 홍차가 수입되다.	*미세스 브라운(1997년/영국)
1890~	토머스 립턴이 실론의 다원을 사들이다. 영국 북부의 농촌 지대를 중심으로 하이 티가 보급되다.	*소공녀(1995년/미국)
1896	앨버트 요업의 창업. A.V. 스미스가 티백의 원형인 '티볼(Tea Ball)'을 완성시키다.	*이상적인 남편(An Ideal Husband)(1999년/영국)
1901	에드워드 7세의 즉위.	
1903	아프리카에서 홍차 재배가 본격화되다.	*전망 좋은 방(1986년/영국)
1904	세인트 루이스 만국박람회에서 영국인 리처드 블레친던이 '아이스 티'를 제공하다. 미국의 차상인 토머스 설리번이 티백을 상품화하다.	*네버랜드를 찾아서(2004년/영국,미국), *피터팬(2003년/미국)

연도	사건	관련 작품
1906	일본의 메이지야가 립턴 홍차를 처음으로 수입하다.	*미스 포터(2006년/영국, 미국), *비밀의 화원(1993년/미국)
1910	조지 5세의 즉위. 아르누보가 유행하다.	*메리 포핀스(1964년/미국), *거상의 길(Elephant Walk) (1954년/미국) *하워즈 엔드(1992년/영국, 일본),
1914	제1차 세계대전 발발.	*무솔리니와 차 한 잔 (1998년/이탈리아, 미국) *타이타닉 (1997년/미국)
1925	아르데코가 유행하다.	*어톤먼트(Atonement) (2007년/미국), *고스퍼드 파크 (Gosford Park)(2001/미국)
1930	차의 학명이 '카멜리아 시넨시스(*Camellia Sinensis*)로 결정되다.	*인도로 가는 길(A Passage to India) (1984년/영국) *리엄(Liam) (2000년/영국)
1931	W 마크 커처가 CTC 기계를 개발하다.	
1935	윌리엄 H 유커스의 저서 『All About Tea』를 간행하다.	*라벤더의 연인들(Ladies in Lavende) (2004년/영국)
1936	에드워드 8세의 즉위. 조지 6세의 즉위.	*킹스 스피치(The King's Speech) (2010년/영국, 호주)
1939	제2차 세계 대전 발발.	*레세파세(Laissez-Passer) (2002년/프랑스)
1946	조지 오웰의 저서 『한 잔의 맛있는 홍차』 간행.	*하노버 스트리트(1979년/미국)
1952	엘리자베스 2세의 즉위.	*베라 드레이크(2004년/영국,프랑스,뉴질랜드) *남아 있는 나날(THE REMAINS OF THE DAY) (1993년/영국)
1958	물에 녹이는 분말 타입의 인스턴트 차가 미국에서 만들어지다.	*마이 페어 레이디(My Fair Lady)(1964년/미국) *매디슨카운티의 다리(The Bridges Of Madison County) (1995년/미국)
1971	일본에서 홍차 수입이 자유화되다	*84번가의 연인(84 Charing cross road) (1986년/미국)
1998	런던의 차 경매 센터가 폐쇄되다.	*끝내 주는 자리(Purely Belter) (2000년/영국) *그린핑거스(Greenfingers) (2000년/영국, 미국)
2003	영국 왕립화학협회가 「한 잔의 완벽한 홍차를 우리는 법」을 발표하다.	*해리포터와 아즈카반의 죄수(2004년/미국) *더 퀸(THE QUEEN) (2006년/영국)

티소믈리에를 위한
영국 찻잔의 역사
홍차로 풀어보는 영국사

2021년 1월 10일 4쇄 발행

지은이 | CHA TEA 紅茶敎室
감　수 | 정승호
펴낸곳 | 한국 티소믈리에 연구원
출판신고 | 2012년 8월 8일 제 2012-000270 호
주　소 | 서울특별시 성동구 아차산로 17 서울숲 L타워 804호
전　화 | 02) 3446-7676
팩　스 | 02) 3446-7686
이 메 일 | info@teasommelier.kr
웹사이트 | www.teasommelier.kr

펴낸이 | 정승호
출판팀장 | 구성엽
디자인 | 이종훈

한국어출판권ⓒ한국 티소믈리에 연구원(저작권자와 맺은 특약에 따라 검인을 생략합니다)

ISBN 979-11-35926-00-1 (13590)

값 15,000원

이 도서의 국립중앙도서관 출판예정도서목록(CIP)은 서지정보유통지원시스템
홈페이지(http://seoji.nl.go.kr)와 국가자료공동목록시스템(http://www.nl.go.kr/kolisnet)에서
이용하실 수 있습니다.(CIP제어번호: CIP2014021501)

이 책은 신저작권법에 따라 보호받는 저작물이므로 무단전재와 무단복제를 금지하며, 이 책 내용의 전부,
또는 일부를 이용하려면 반드시 저작권자와 한국티소믈리에연구원의 서면동의를 받아야 합니다.

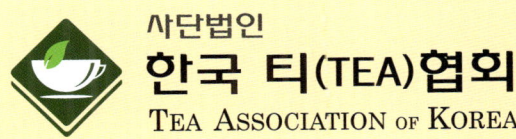

사단법인 한국티(TEA)협회 인증

글로벌 시대에 맞는 티 전문가의 양성을 책임지는
한국티소믈리에연구원

한국티소믈리에연구원은 국내 최초의 티(tea) 전문가 교육 및 연구 기관이다. 티(tea)에 대한 전반적인 이론 교육과 함께 티 테이스팅을 통하여 다양한 맛을 배워 가는 과정으로 창의적인 티소믈리에와 티블렌더를 양성하는 데 주력하고 있다.

티소믈리에는 고객의 기호를 파악하고 티를 추천하여 주거나 고객이 요청한 티에 대한 특성과 배경을 바로 알아 고객에게 추천하는 역할을 한다. 티블렌더는 티의 맛과 향의 특성을 바로 알아 새로운 블렌딩티(Blending tea)를 만들 수 있는 전문가적 지식과 경험이 필요하다.

티소믈리에, 티블렌딩 교육 과정은 1급, 2급 자격증 과정과 골드 과정을 운영하고 있다. 사단법인 한국티(TEA)협회와 한국티소믈리에연구원이 공동으로 주관하고, 한국직업능력개발원이 공증하는 1급, 2급 자격증은 단계별 프로그램을 이수한 후 자격시험 응시가 가능하다. 골드 과정은 티소믈리에, 티블렌딩 1급 수료자를 대상으로 한 티 전문가 교육 과정이다. 골드 과정은 각 교육 과정의 깊이 있는 연구를 통해 티 전문가로서 갖춰야 할 전문 교육 프로그램을 이수하여 강사로 활동하거나 지식과 경험을 통합하여 티(TEA)비즈니스에 대해 이해할 수 있는 프로그램으로 티 산업의 다양한 영역에서 활동할 수 있도록 한다.

현재 한국티소클리에연구원은 본원에서 교육 및 연구를 진행하고 R&D센터에서 교육 및 응용, 개발을 실시하고 있으며, 지금까지 수많은 티 전문가들을 배출해 왔다.

사단법인 한국티(TEA)협회 인증
티소믈리에 & 티블렌딩 & 한방차 티테라피 교육 과정 소개

- **티소믈리에 1급, 2급 자격증.**
  - 사단법인 한국티협회와 한국티소믈리에연구원이 공동으로 주관.
- **티소믈리에 1급, 2급 자격증 과정**
  - 티소믈리에 2급
  - 티소믈리에 1급
- **티소믈리에 골드 과정**
  - 강사 양성 과정, 티 비즈니스의 이해 과정
- **티블렌딩 1급, 2급 자격증 과정**
  - 티블렌딩 2급
  - 티블렌딩 1급
- **티블렌딩 골드 과정**
  - 강사 양성 과정, 티블렌딩 응용 개발 과정.
- **한방차 티테라피 교육 과정**
  - 한방차 티테라피 1_입문/개론
  - 한방차 티테라피 2_심화/응용

한국 티소믈리에 연구원 출간 도서

티 세계의 입문을 위한 국내 최초의 '티 개론서'

티의 역사·테루아·
재배종·티테이스팅 등

전 세계 티의 기원, 산지,
생산, 향미, 테이스팅을
과학적으로 체계화한 개론서이다!

CHAI
인도 홍차의 모든 것

영국식 홍차의 시작, 인도 홍차의 숨은 이야기!

홍차 생산 세계 1위인 인도 정부의
주한 인도 대사가 공식 추천한
인도 홍차의 기념비적인 책!
인도 홍차의 모든 내용을 화려한 사진들과 함께 소개한다!

티소믈리에가 만드는
티칵테일

티·허브·스피릿츠, 그 절묘한 믹솔로지!

역사상 가장 오래된 두 음료, 티와 칵테일을
셰이킹해 티칵테일을 만드는 실전 가이드!
다양한 향미의 티와 허브, 생과일,
칵테일의 환상적인 셰이킹을 소개한다.

세계 티의 이해
Introduction to tea of world

세상의 모든 티, 티의 역사와 문화,
티를 즐기는 세계인, 티 여행 명소,
다양한 티 레시피,
그리고 그 밖의 모든 티들을 소개한다.

티 아틀라스
WORLD ATLAS OF TEA

티 세계의 로드맵!
'커피 아틀라스'에 이은
〈월드 아틀라스〉 시리즈 제2권!

전 세계 5대륙, 30개국에 달하는
티 생산국들의 테루아, 역사, 문화
그리고 세계적인 티 브랜드들을 소개한다.

'중국차 바이블에 이은'
기초부터 배우는 중국차

사단법인 한국티협회 '중국차 과정' 지정 교재

중국차 구입에서부터 중국 7대 차종과 대용차,
차구의 선택과 관리, 차의 역사, 차인·차사·차속, 차와
건강 등에 관한 315가지의 내용을 소개한 중국차 전문 해설서!

기초부터 배우는
101가지의 힐링 허브티

사단법인 한국티협회 '티블렌딩 과정' 지정 부교재

현대인들의 몸과 마음의 건강을 위한
힐링 허브티 블렌딩의 목적별, 상황별 101가지
레시피를 소개한다.

티소믈리에를 위한
차(茶)의 과학

차의 색, 향, 맛에 대한 비밀을 과학으로 풀어본다

일본 저명 식품과학자이자, 차전문가인
오쓰마여자대학의 오모리 마사시 명예교수가
50여 년간 과학적으로 분석한 차의 모든 것!

THE BIG BOOK OF KOMBUCHA
콤부차

북미, 유럽을 강타한 콤부차인 DIY 안내서!

이 책은 왜 콤부차인가에서부터 콤부차의 발효법,
다양한 가향·가미법, 콤부차의 요리법, 콤부차의 역사를
상세히 소개한다.

HERBS & SPICES
THE COOK'S REFERENCE

세계 허브 & 스파이스 대사전!

이 책은 총 283종의 허브 및 스파이스의
화려한 사진과 함께 향미, 사용법, 재배 방법 등을
완벽히 소개한 결정판!

한국 티소믈리에 연구원 출간 교재

티소믈리에 1급, 2급 자격 과정 교재

티소믈리에 이해 1 _ 입문

티소믈리에 2급 자격 과정 교재

티의 정의에서부터 티 테이스팅의 이해,
티의 역사, 식물학, 티의 다양한 분류,
허브티, 블렌디드 허브티 등의
교육을 위한 개론서.

티소믈리에 이해 2 _ 심화_산지별 I

티소믈리에 2급 자격 과정 교재

홍차의 이해에서부터 인도 홍차,
스리랑카 홍차, 다국적 홍차, 중국 홍차,
중국 흑차(보이차) 등의
교육을 위한 심화 교재.

티소믈리에 이해 3 _ 심화_산지별 II

티소믈리에 1급 자격 과정 교재

녹차의 이해에서부터 중국 녹차,
일본 녹차, 우리나라 녹차, 중국 청차(우롱차),
타이완 청차(우롱차), 백차, 황차 등의
교육을 위한 심화 교재.

티소믈리에 이해 4 _ 심화_올팩토리

티소믈리에 1급 자격 과정 교재

커핑(테이스팅)의 방법에서부터
식품 관능 검사, 맛의 생리학,
감각의 표현 기술, 올팩토리 등의
교육을 위한 심화 교재.

대한민국 No. 1,
티 교육 및
전문 연구 기관

사단법인
한국티협회 인증

티블렌딩 1급, 2급 자격 과정 교재

티블렌딩 이해 1 _ 입문_블렌딩

티블렌더 2급 자격 과정 교재

티블렌딩의 정의에서부터 홍차 블렌딩의
기본 기술, 다국적 블렌딩 홍차,
가향·가미된 홍차, 허브티 블렌딩 등의
교육을 위한 개론서.

티블렌딩 이해 2 _ 심화_블렌딩

티블렌더 1급 자격 과정 교재

백차, 녹차의 블렌딩 기술에서부터
가향·가미된 녹차, 가향·가미된 홍차,
청차(우롱차), 흑차(보이차), 허브티 블렌딩,
한방차 블렌딩 등의 교육을 위한 심화 교재.

한방차 티테라피 1급, 2급 자격 과정 교재

한방차 티테라피 1 _ 입문_개론

한방차 티테라피 2급 과정 교재

한의학의 기본인 음양학에서부터
장부학, 약리학, 그리고 다양한 목적으로
사용할 수 있는 한방차 재료 등의 교육을 위한 개론서.

한방차 티테라피 2 _ 심화_응용

한방차 티테라피 1급 과정 교재

한방차의 티테라피의 다양한
응용 과정과 실습을 위한 심화 교재.